700 CHISTES SOBRE FAMILIAS Y FAMILIARES (Y unas cuantas decenas de regalo)

Por J.J. Bernier

COPYRIGHT

Tabla de Contenido

CHISTES DE FAMILIA

1. La abuela al resto de la gente- ¡Ahoguen a ese desgraciado! Los asistentes responden - ¡Cállese vieja loca! Que nos estás amargando el bautizo de su nieto.

2. ¡Mi amor despierta, despierta! ¡Se nos está quemando la casa! - Vale cariño pero no grites o despertarás a tu marido y a tus nietos.

3. ¡Mi amor, estás obsesionado con el fútbol, ésto es un sinvivir y me haces falta! - Qué me dices??? Faltaaaaa? Pero cómo que falta? Si apenas te he rozado, ...cómo puedes decir falta...Me pido la repetición del VAR.

4. El profesor al alumno - ¡Eustaquio, que en clase no podemos dormir! - Ya lo sé, señorita Rottenmeyer. ¡Usted no se calla ni debajo del agua!

5. ¡Mami, mami, no te lo vas a creer, en la puerta hay dos extraterrestres! - ¿Cómo que Dos extraterrestres? ¿Pero qué dices chavalín, otra vez fumando pegamento? - Que no es eso mamá, ¡Ven a verlos, que lo flipas! La mami asustada sale corriendo, se va y abre la puerta y allá que se encuentra a dos tipos a lo Men in Black que le sueltan: "Buenos días tenga usted, Señora, somos de Planeta de Agostini."

6. ¡Mami! ¡Mami! !Ya estoy harto! ¿Cuando vamos a comer por fín pan de hoy? - Mañana, hijito, mañana, hoy no, mañaaaaaana.

7. ¡Mami!, ¡Al final me dieron el papel en el casting! - ¡Vaya, que excelente noticia, qué alegría! ¿Y qué papel te han dado? - De esposo. - Bueno hijito, tampoco te molestes, ya te darán la próxima vez un personaje con diálogo...

8. ¡Oiga, señor, su hijito le ha sacado la lengua al mío! - Venga, no me venga con tonterías, que eso son cosas de niños. - ¿Cómo que tonterías? ¡Que no podemos parar la sangría!

9. ¡Madre mía que cambio Maruja, has bajado un montón de peso! - Es que ahora voy al Gimnasio - ¿Ahm, y haces mucho deporte? - Pues la verdad que no, pero con todo lo que pago apenas como

10. ¡Rigoberta! ¿Qué pongo en la casilla de tu música favorita? - Pon Jazz... - Venga ya, ¿desde cuando escuchas Jazz? - Desde que conozco a Jazztin Bieber.

11. ¡Papi, papi! Al final vendí el Aifon de la manzanita para comprar marihuana. - ¡Felicidades hijito, qué orgullo! Por fin me hiciste caso y abandonaste ese asqueroso vicio.

12. ¡Gregorio, Gregorio, despierta, despierta! - ¡Qué pasa! ¡Qué demonios quieres, estaba durmiendo! Y la esposa contesta: - ¡Es que se te han olvidado tomarte las pastillas para poder dormir!

13. ¡Madre mía, pero tú cuantos hijos tienes! - Pues la verdad que solo uno, pero ¡es que es muy nervioso!

14. Un teléfono sonando ¡Riiiiing! ¡Riiiiing! - ¿Dígame? - ¡Doctor, una urgencia, mi esposa está a puntito de dar a luz! - Ah, qué bien, ¿Es su primer hijito? - Que va, yo soy su esposo

15. Ataulfo, ¿Cómo habeis llamado al chavalín? - Elengendro se llamará – Hombre, será Alejandro... - Cuando lo veas lo comprenderás...

16. ¿Roberto, cómo se escribe esta palabra "durmiendo" o "dormiendo"? - No me seas animal, ninguna de las dos: para escribir hay que estar despierto.

17. ¿Diógenes, cómo te las apañas para vivir? - Pues voy por ahí tocando la flauta. - ¡Pensé que no eras músico! - Bueno, trabajo para el ayuntamiento y en periodo de elecciones tapo un agujero para poder abrir otro.

18. ¿Brad, con cuántas mozas estuviste antes de que conocerme? - Pues unas cuantas, eso no es importante mi amor. - Venga, dímelo ¿Cuántas, querido? - No quisiera enfadarte.... A ver

que recuerde; una, dos, tres, cuatro, cinco, seis, siete, tú, nueve, diez, once, doce, trece, catorce, quince, dieciséis, diecisiete...

19. ¿Sabes cuál es la diferencia entre amante y esposa? - Así a ojo, unos30 kilos. - ¿Y la diferencia entre amante y esposo? - Unos 30 minutos. - ¿Y el castigo para la bigamia? - Que tendrás dos suegras. - ¿Y la diferencia entre el terrorista y la suegra? - Al menos con el terrorista se puede negociar.

20. ...un millón uno, un millón dos, un millón tres...

21. Doroteo, pero...¿De dónde vienes? ¿Vienes con el traje destrozado? - Vengo del funeral de mi suegra. - ¿Y qué te ha pasado allí? ¿No habrás tenido un accidente por casualidad? - Que va, es que la vieja se me ha resistido un poco.

22. Doroteo ¿De qué signo es tu esposa? - Pues yo creo que debe ser de exclamación, por qué la tía se pasa todo el día gritándome.

23. Doroteo ¿De qué curras? - Pues yo mato vampiros – Venga ya, pero si los vampiros no existen - ¿Lo dices por qué no has visto ninguno? - Por eso mismo – Trabajo bien hecho, los he matado todos, profesional, muy profesional.

24. Un cuñado al otro ¿Sabes en qué se parecen los árboles de navidad y las piernas de tu suegra? - En que los dos van con los cables por fuera.

25. Augustito, ¿En tu cole hay un problema de drogas? - Claro que sí, no hay quién las encuentre baratas.

26. Doroteo ¿Otra vez suspendido en inglés hijito? Vamos a practicar! - Cómo quieras, pero ahora tengo hambre – Pues no hay bocadillo de chorizo hasta que me lo digas en inglés... - I am bre...

27. ¿Papi, los marcianos que nos están conquistando son colegas o enemigos? - ¿Por qué lo preguntas, hijito mío? - Es que se están ahí llevándose a mi abuelita. - Pues desde luego, que

entonces, son colegas!!!Invítalos a unas birras!

28.   Doroteo, ¿Por cuánto me comprarías a mi suegra? - ¿A Tu suegra? Por nada – OK... trato hecho, adjudicada por nada

29.   Alejandro, ¿Por qué no te charlas con tu esposa? - Pues por no interrumpirla, que tiene un carácter...

30.   Disculpe caballero ¿Qué hora tiene? - ¡Las diez menos diez! - Pues entonces no tiene nada.

31.   Chiste ecológico ¿Qué le dice un jardinero a otro jardinero? - Hay que disfrutar mientras podamos

32.   Doroteo¿Pero qué te ha pasado? - Pues que me quemé. - ¿Qué te que té?¿Qué te que té?

33.   Anastasia ¿Te quieres casarte conmigo? - Es que estoy asando un pollito. - ¿Pero qué tiene que ver eso con la pregunta? - Yo nunca dejo las decisiones importantes al asar

34.   ¿Sabes, Paquito? Mi hijita ¡es exacta a mí! - Pues estarás contento, Ramón. - Muchísimo, yo muchísimo pero ella no me lo perdona.

35.   ¿A que no sabías que Beethoven dedicó la quinta sinfonía a su padre? - ¿Y tú cómo lo sabes? - Canta el comienzo y lo verás: "Para papáaaa, para papáaaa, para papá, para papá, para papáaa..."

36.   Raluco ¿Si tú supieras que yo voy a morir mañana que me dirías a día hoy? - Pues que me prestes 2000€ que mañana te los devuelvo

37.   En la iglesia ¿Su nombre, caballero? - Adán -¿El de su esposa? -Eva -¡Venga ya! ¿Por casualidad no se habrán traído a la serpiente? - Espere que la llamo... ¡SUEEEEEEGRA!

38.   Anastasio ¿Qué te parecen mis gafas nuevas, te gustan mis? - Pues la verdad que no demasiado – Pues son progresivas – Ah pues entonces ya me irán gustando

39.   Calixto ¿Sabes que nuestro jefe se ha muerto? - Pues sí, pero quisiera saber quien fue el pobrecillo que falleció con él. -

¿Qué hubo otro muerto, por qué lo dices? - Por la esquela que puso en el periódico donde decía "...y con él se nos marchó un gran trabajador..."

40. Amador, a mí antes me perseguían las moooozas. - ¿Y por qué ahora no? - Es que ya no robo bolsos, cuqui.

41. Te puedes creer que a pesar de mis noventa años, todavía curro. - ¿Y qué haces, abuelitaa? - Me dedico a cuidar viejas.

42. Amancio, rápido, a tu esposa y a tu hijita se les ha caído una estantería encima y están aplastadas y creo que muertas. - ¡¿Cómo, que están qué?!!!!! - He dicho estantería, la cosa esa lo de los libros.

43. A ver Eustaquio, pregunta de examen, dime una palabra que tenga 5 íes. Y va Eustaquio y le responde: - Profesora, eso es dificilísimo. - Perfecto Eustaquio, un diez.

44. Vamos a ver Eustaquio, en la oración no pasiva 'Ataraxia está disfrutando' ¿Me puedes indicar dónde está el sujeto? - Pues a ver señorita, según un libro indio, el sujeto podría estar en muchos sitios pero yo creo que el sujeto está encima.

45. A ver Eustaquio, si yo tuviera veinte manzanas en una mano y en la otra trenita, ¿qué es lo que tengo? - Unas manos inmensas.

46. No te lo vas a creer, pero acabo de estar con una modelo increíble: ¡Pero qué piernas! ¡Y vaya pechos! ¡Y el culo, aix, el culo! - ¿Y cómo era de cara? - ¿Cómo era de cara? ¡Buff, dos nóminas casi!

47. Colega mio, necesito consejo, ¿sabes que mi esposa me ha dejado? - Venga ya, no me digas ¿Y eso? ¿Qué es lo que pasó? Yo os veía tan bien... - Pues va y no mes suelta que no le presto atención, y no se que más, pues ahí como siempre empecé a ignorar...

48. Amor mío, creo que ha llegado el momento en el que podríamos tener otro hijito. - Me parece muy bien, pues a mi

tampoco me gusta el que tenemos ahora...Hora de renovar a Elengendro.

49. Amor mío, quiero que todo volviese a ser como era antes. -¿Te refieres a cuando nos conocimos? - No, he dicho aaaaaaantes...

50. Adelaida, me prometes que cuando me muera te vas a casar con Ceferino. - No lo entiendo, pero, si es tu peor enemigo. - ¡Ahí la has dado, por eso mismo, que se aguante¡

51. Amorcillo, intuyo que éste va a ser un gran año. - Doroteo 1.- Ya lo has dicho tres veces y 2.-que sepas que mi mami, tu suegra, superará el Coronavirus!

52. Mi amor, mi amor, si tuvieras que decir ¿Tú cuánto me quieres entre el 1 y el 10? - Entre el 1 y el 10 te quiero mucho, muchísimo, pero que sepas que del 11 al 30 me voy de fiesta loca con los colegas.

53. Mi amor, mi amor, hoy estas bellísima – Lo sé, pero dime algo que no sepa – Así a ojo, aparcar.

54. Mi amor, mi amor, ayer cuando soñabas decias que no me quieres y que quieres divorciarte de mi. - Pero a ver piltrafilla, ¿quién te ha dicho que estaba dormida?

55. Mi amor, mi amor, déjame al bebé. - OK, pero espera a que llore. - ¿A que llore, por qué? - ¡Es que no lo encueeeeentro!

56. Mi amor, mi amor, llevamos por lo menos veinte años juntos, ¿por qué no nos casamos? - A estas alturas y edades ¿quién va a querer casarse con nosotros?

57. Mi amor, mi amor, ya acosté al chavalín y ya tenemos la cena en el horno – Doroteo, en la cama hay un pollito... - Rápido, apaga el horno, apaaaaaaaaaga el hooooooooooorno!!!

58. Amor mío ¡baña a los niños! -¿Pa queeeeé? Si ya los reconoscu por la vos cuando aban.

59. Doctor, Doctor, ¿sabe qué le pasa a mi esposo? - Pues su esposo padece una otitis testicular. - ¿En serio, una otitis

testicular? - Parece ser que sólo oye lo que le sale de los huevos.

60. Doctor, Doctor, mi esposa no para de regañarme a todas las horas, ¿es grave? - Mientras no sea Coronavirus.

61. Doctor, doctor, mi esposa tiene tres pechos. - Apuntamos para cirugía para que le extirpe uno de ellos - Venga, no me fastidie, yo vengo a que me implante otro brazo.

62. Doctor, doctor, no puedo dormir, me pasa algo raro pues si me duermo del lado izquierdo se me sube el hígado pero si me duermo del derecho se me sube el riñón. - Yo le recomendaría acostarse boca arriba. - Entonces es peor que el que se me sube es Doroteo.

63. Doctor, Doctor, desde hace tiempo que me duele muchísimo esta pierna. - No se preocupe, seguramente es de la edad. - No creo, pues la otra tiene la misma edad y no me duele.

64. Doroteo, ¿qué tal de preparado llevas el examen? - Voy al límite. - Así seguro que apruebas. - Siempre y cuando el profe no me ponga el examen que tiende a cero.

65. Esto triste, el otro día mi hijito hizo un salto mortal en la piscina - ¿Pero hace natación? - Hacía, hacía...

66. El otro día me eoncontré con tu suegra y – Suegra ya no se dice, ahora se dice madre política – Pues la política es una mierda. - Vas captando el concepto.

67. Sabes que entre pitos y flautas llevo ya gastados 5000 euros. - ¿Cómo? - Pues a ojo unos 2500 en pitos y otros 2500 en flautas.

68. No te lo vas a creer, no veas mi esposo el poco tacto que iene, va y esta mañana me ha llamado gorda. - Tamposco es para tanto, a mi me dice cosas mucho peores. - ¿Y a ti que te ha dicho? - Pues que eres inútil, cocinas mal, en la cama peor y otras cosas que no se pueden decir en un libro de chistes...

69. Por fin he conseguido que mi novio hable de matrimonio,

tras llevar quince años juntos. - ¿Y qué es lo que te ha dicho? - Pues que tiene esposa y cinco hijas.

70. Hijita, ¿por qué suspendiste otro curso? - Pues por qué soy intolerante a la lactosa - ¿Y eso qué tiene que ver? - Es que no LECHE ganas.

71. Hijito que quieres que te regale para tu cumple? - Una barbie rosa papi, quiero una barbi rosa – Anastasio, tú eres un macho, machote, pide algo de hierro que eche chispas y humo – Bueno pues entonces una plancha para el pelo.

72. Hijito, hijito, como se llama ese estúpido alemán que siempre me lo esconde todo? -Alzheimer, se llama Alzheimer...

73. Ataulfito, dame la mano ahora que vamos a cruzar la calle. - ¿Ahora te da miedo a tu edad?

74. Buenos días señor, venia a pedir la mano de su hijita. - ¿Pero ha visto ya a mi esposa? - Si, la ví, pero sinceramente, si me da a escoger, prefiero a su hijita.

75. Buenos días, señor. Soy paraguayo y quisiera pedirle la mano de su hijita para jugar al teto. - ¿¡Para quééééé!? - Paraguayo, señor, paraguaaaaaayo.

76. Quisiera reservar mesa en el restaurante para una cenar el 22 - ¿Podría saber cuantos serán? - Entre 7 y 15, más o menos – Necesitaría saber cuantos confirmados – Pues creo que confirmados 2, pero creo que todos están bautizados.

77. Doctor, doctor, me podría recetar algunas vitaminas para los niños. -¿Vitaminas, A, B o C? - Pues la verdad que no importa, no saben leer.

78. Eustaquio, dínos cuánto es 7x5 – 35. - ¿Y 5x7? - Pues no lo sé, usted dijo que estudiáramos hasta la tabla del 5. - Pues que sepas que es lo mismo – No, no puede ser lo mismo, Si usted come un chorizo, ¿después qué Caga? - Pues Mierda- Pues trate de comer mierda a ver si cagas chorizo.

79. Eustaquio, ¿con qué mató David a Goliat? - Con una moto

profe. - No Eustaquio, David mató a Goliat con una honda – Perdone profe, sabía que era una moto pero no la marca.

80. Eustaquio, me puedes decir dos pronombres. - ¿Quién yo? - Un diez.

81. El cura: Aceptas a Rigoberto como legítimo esposo en la salud, en la enfermedad, en la riqueza y en la pobreza y hasta que la muerte os separe? - Sí...no...sí...no...y no.

82. No te vas a creer qué me ha pasado, pedí a mi novio que me llevvara a ver "Los miserables" y me ha teido una hora viendo a entrar políticos en el Congreso de los Diputados.

83. Anastasio, llevamos dos días conduciendo, reconoce que te has perdido, ya deberíamos de estar en Sevilla – Pues empiezo a dudarlo, vamos a ver que pone en ese letrero. - "Beijing, 1 Km"

84. Mami en el cole dicen que soy muy despistado. - Muy bien nene, pero tu mami vive en el tercero.

85. Maaaaama en el cole me disen gorda. - Ay, mi amor, pobresilla – Gracias mama, yo también te quiero – No, no, dije que pobre silla en la que te sientas.

86. Mami mami pero qué bueno está el pollo. - Pues repite hijito, no te cortes y repite. - Mami mami pero qué bueno está el pollo, mami mami pero qué bueno está el pollo...

87. Mami mi creo que mi hermanito no es un angelito como dijiste – Eustaquio, Augustito sí es un angelito - Entonces no entiendo por qué no salió volando cuando lo tiré por el balcón.

88. Mama que haces tantas horas delante del ordenador con los ojos cerrados? - Windows me dijo que cerrara todas las pestañas.

89. Mami, mami, ¿me dejas coger el coche? - No sin mi supervisión -Vay, perdona por no tener superpoderes como los tuyos...

90. Mami, estoy harta, incluso dormida me llaman gorda. -
     Tranquila, sólo son pesadillas. - ¿Quesadillas, dónde, dónde,
     para mí?

91. Mami, mami me ayudas sabiendo cual es la definición de
     paranoico? - Piensas que no lo sé y te quieres reír de mi, no?
     Seguro que es eso, eso es verdad? Responde, cuenta o calla!!

92. Mami, mami mis colegas se pasan tres pueblos y dicen que tú
     te avergüenzas de mi. - Ataulfito, ya te he dicho que en la calle
     no me digas mami, que hay gente mirando.

93. Mama, mama, en el cole me llaman friki - ¿Y tú cómo
     respondes? - Pues me bajo tres puntos de carisma.

94. Mami, mami, ven, rápido ¡la abuela se ha otra vez caído al
     suelo! - ¿Y tú qué has hecho, la has ayudado? - Esta vez no, la
     vieja se ha caído ella sola.

95. Mami, mami, ¿Sabes si la abuela es fosforescente? - Pero qué
     cosas dices, claro que no hijito, ¿Por qué lo dices? - Entonces
     la vieja se está electrocutando.

96. Mami, mami, ¿por qué crees que papi es calvo? - Pues los
     calvos son por qué piensan mucho y son muy inteligentes. - Y,
     entonce, tú mami, ¿donde vas con esa pelambrera?

97. Mami, mami, en el cole me llaman gilipollas. - ¡Como si me
     importara, y a mí qué! - A tí golfa.

98. Mami, mami, hoy casi saco un 10 en matemáticas. - ¡Muy
     bien Eustaquio! Pero... ¿casi? - Es que se lo pusieron a mi
     compañero del pupitre de al lado.

99. Mami, mami, hoy había lo menos cincuenta mil personas en
     el metro. - Eustaqui te he dicho por lo menos cien mil
     millones de veces que no seas exagerado.

100. Mami, mami, quiero ir al circo. - De eso nada, monada, el que
     quiera verte que venga a casa.

101. Mami, mami. En el cole dicen que estoy muy loco. - ¿Y quién
     te lo dice? - ¡Las tizas y el borrador!

102. Mami, mami, ¿uesta mucho dinero un bote muy grande de tinta china? - No hijito mío, no te preocupes, es barata. - Menos mal, me derramó enterito sobre tu vestido nuevo.

103. Mami, mami, ¿me dejas ir a una fiesta de 15 años? - No, hijito, esa fiesta es demasiado larga.

104. Mami, mami, ¿Puedo jugar con el abuelo? - Bueno, pero después vuelve a enterrarlo.

105. Mami, mami, Dejé las drogas. - ¡Ya era hora Luisma! - Lo malo que ahora no me acuerdo donde la dejé.

106. Mami, mami, en el cole me llaman mentiroso. - Anda Eustaquio, cállate, que hace un año que acabaste el cole.

107. Mami, mami, el pan está blando. - Pues dile que se calle y deje de dar la lata.

108. Mami, mami, los fideos se están pegando. - Déjalos que se den hasta que se maten.

109. Mami, mami, me he cortado un dedo. - Una tirita y como nuevo. - ¡Es que no lo encuentro!

110. Mami, mami, ya no quiero conocer a mi abuelito. - Demasiado tarde, sigue escarbando.

111.

112. Mami, mami, ya no me gusta mi hermanito. - Que te calles y sigas comiendo.

113. Mami, mami, ya no quiero ir la piscina. - Ahora te chinchas y sigues a pico y pala.

114. Mami, mami, si la cigüeña es la que trae los niños desde París, los Reyes magos son los qu etraen los regalos y Dios es el que nos da de comer y tenemos jardinero y chófer....¿para qué sirve papi?

115. Mami, ¿Qué comemos hoy? - Pues comida. - Ok, que sepas que me dieron el resultado del examen. - ¿Qué sacaste? - Pues nota.

116. MAAAAMI, MAAAAAAAAAAMI, QUEE

MEEEEEEE HEEEEE TRAGADOOOOOO UN ALTAAAAAAAAAAVOZ - Tranquilo hijito, yo de pequeña me tragué un tocadiscos y no pasa nada, no pasa nada,no pasa nada, no pasa nada, no pasa nada, no pasa nada

117.   Ermenegildo, ¿nos hacemos testigo de Jehová? - ¡Ni siquiera he visto el accidente!

118.   Ermenegildo, llevamos más de treinta años de casados y todavía no me has comprado nada. - Y ahora me dices que eres vendedora...

119.   Ermenegildo, me comentaron que te casaste. - Sí, sí, quién me lo iba a decir. - ¿Y cómo va lo del matrimonio? - Todo muy bien, pero en cuanto sales de la iglesias...uff.

120.   Ermenegildo, ¿qué tal día hace hoy? - Pues no tengo ni idea, con tanta niebla no se ve un pijo.

121.   Alejandra se deshizo de unos setenta kilos de grasa inútil. - ¿Cómo lo hizo? - Se divorció del marido.

122.   Alejandra, ¿si yo por casualid me pegara un tiro, tú lo sentirías? - Claro Doroteo, soy gorda, no sorda.

123.   En el coche: Ceferino, tengo dos noticias, una buena y otra mala. - Estoy cansado de noticias malas, dime la buena. - El airbag mi lado funciona. - Pues no me digas la mala. - OK, no hablaremos de los frenos

124.   Mi amor ¿Te apetece como plan quedarte en la cama viendo películas mientras comes palomitas? -¡Planazo! - Menos mal, ya me puedo ir de fiesta con mis colegas.

125.   Mi amor, lo siento pero tengo un retraso. - Tranquila mi amor, siempre lo supe y te he querido igual.

126.   Mi amor, ahora que se acerca mi cumple ¿ya sabes qué me vas a regalar? - Si, claro ¿ves ese ferrari rojo de allí? - !Sí! Es mi sueño – Pues empieza a soñar con una bici del mismo color.

127.   Mi esposa sí que sabe cómo hacer de una historia corta una muy larga. -¿Cómo, Ermenegildo? - Pues siempre me

interrumpe...

128. Mi esposo sí que es un bombón. - ¿Está bueno? - Sí te gustan los bombones de licor, mi esposo es redondo y lleno de alcohol.

129. Mi esposa me dijo que no aguantaba más, que necesitaba más espacio. - ¿Y qué hiciste para solucionarlo? - La regalé un disco duro de 2 teras.

130. Mi esposa me ha dado un ultimátum, dice que o le hago más caso cuando charla, o no sé qué más, desconecté.

131. Es por mi esposa que me hice creyente - ¿Qué te hizo ver la luz? - ¿La luz? Más bien la oscuridad, no creía en el infierno hasta que me casé.

132. En Barrio sésamo: Don Pimpón, !se está quemando la panadería de Chema! – Pues después le preguntamos a Chema - ¿Preguntarle el qué? - Pues si nos vende pan tostada.

133. Oye Rigoberto, ¿a tu abuela por casualidad no le gustará la mecánica? - Pues no creo, ¿por qué lo dices? – Pues entonces la acaba de atropellar un autobús

134. Oye Ermenegildo, si quieres, te vendo el coche. - ¿Y para qué voy a querer un coche vendado?

135. Tengo una suerte...mi suegra es todo un ángel. - Qué envidia... la mía sigue viva...

136. Calixto, yo pensaba que a ti te caía mal tu suegra? - Así es, no la aguanto. -¿Por qué llevas su foto en la pitillera entonces? - Ah, eso, maldito tabaco, estoy dejándolo.

137. Óscar, ¿sabes cómo se llaman los habitantes de Londres? - Podría tratar de adivinar un nombre, pero todos...

138. Oye, Anastasio, te invito a una fiesta de dieciocho años. - Vale, pero yo a los tres meses me doy el piro.

139. Doroteo, me he comprado un audífono que es la bomba, invisible, inalámbrico, es perfecto. - ¿Cuánto te ha costado? - Las diez y media.

140. Papi ¿tú sabes qué es una secuela? - ¿Pues te acuerdas hijito de
      la viejecita que estaba en la cola del banco y le di una buena
      paliza de muerte? - Sí, pobrecita, – Pues esa vieja ya no
      secuela más,

141. Papi ¿Me dejas tu tarjeta de crédito? - Lo siento, pero mela
      robaron hace un par de meses, hijito. - ¿Y no lo denunciaste
      a? - Que va, me sale más a cuenta que la tenga el chorizo de
      los que no se comen que tu mami.

142. Papi mira al cielo, allá va otro avión macho – Eustaquio,
      cuantas veces tengo que decir que eso que cuelgan son las
      ruedas y no las pelotas.

143. Papi, ¿cuesta mucho casarse? - Pues no tengo ni idea, hijito,
      yo todavía lo estoy pagando día a día y estoy a punto de
      jubilarme.

144. Papi, papi, ¿sabes tú qué es un mercenario? - Es un señor muy
      muy malo que mataría hasta a su mami por un poco dinero. -
      Ah, vale, como un político...

145. Papi, papi ¿tú sabes cuál es la definición de engreído? - Claro
      que sí, hiciste bien en preguntarme, nadie mejor en el mundo
      para responderte.

146. Papi, ¿tú sabes que significa sintaxis? – Pues que tienes que
      coger el autobús o el metro – Gracias papi, lo apunto en la
      libreta – Nada como aver estudiao.

147. Papi,papi ¿que se siente teniendo un hijito tan guapo? -
      Pregunta al abuelo.

148. Papi, papi ¿tú sabes qué es el amor? - Es la luz que alumbra la
      vida. -¿Y el matrimonio? - Nadie dijo que la electricidad fuera
      gratis.

149. Papi, papi, ¿Tú sabes qué es la regla? - Uff, a ver cómo salgo de
      ésta, la regla es cuando las chicas sangran por sus partes
      íntimas... A ver si así dicho lo entiendes, que no quiero decir
      palabrotas... - Entendido ¿Entonces qué son la escuadra y el

cartabón?

150. Anastasio, ¿qué te dijo al final el doctor? - Pues me dijo que tengo sonrisa simpática y que soy feliz - A ver, la letra de doctor no se entiende pero creo que pone "Cirrosis hepática y sífilis".

151. Menuda cara llevas, ¿qué te ha pasado? - Ayer por la calle, que me dieron una paliza. - Yo pensaba que tú eres cinturón negro de Karate - Ya, pero es que el otro no lo sabía.

152. Madre mía, mira que chavalín tan feo – Oye, que es mi hijita... - Perdona, no sabía que fueras padre. - Perdona, pero soy MAMI - Uy que despiste, si recuerdo que te vi embarazada. - Pues es adoptada – Mejor no voy a la panadería que cada vez que abro la boca sube el pan.

153. Pancracio, te veo muy preocupado – Es por culpa del negocio no funciona. - ¿Has puesto letreros? - Los más molones que encontré. - ¿Y ofertas? - Mejor que las del MediaMark. - ¿Publicidad? - Entonces los medios. - Pues vamos a ver ¿ en qué puede fallar? Pásame un panfleto...¡Melón! ¡Sastrería empieza con ese y no con cé!

154. Amor mío, después de que nos casemos, compartiré contigo tus desgracias y todos tus problemas. - ¡Pero si no tengo ni uno ! - Ahora...he dicho después de que nos casemos.

155. Quiero divorciarme por qué desde hace décadas mi esposa me tira los platos a la cabeza día tras día. -¿Y por qué no se divorció antes? - Es que con el tiempo está empezando a ganar en puntería.

156. Hola, guapa, si me dices tu número de teléfono me gustaría llamarte alguna vez. - Está en las páginas amarillas. - ¿Y tu nombre? - También, justo delante del número.

157. No conozco a nadie más saludable que yo. - ¿Comes sano y haces deporte? - No, pero mucha gente me saluda por la calle y a la mayoría le devuelvo el saludo.

158. Estoy abatido, me han diagnosticado alopecia. - Pobrecito, qué calvario. - No tiene nada de gracia. - Tienes razón, ni un pelo.

159. Acabo de descubrir que adivino el futuro - ¿Desde cuándo lo haces? - Desde el sábado de la semana que viene.

160. Tras diez años de novios por fin he conseguido charlar de matrimonio con mi novio. - ¿Y qué te ha dicho? - Pues que tiene esposa y dos churumbeles.

161. Una suegra con tres yernos, un día salió a pasear con uno de ellos por el parque, la señora se resbala, cayéndose al agua del lago y ahogándose. El yerno se arremanga las enaguas, se tira al agua y la rescata salvándole la vida. - Al día siguiente, al salir a la calle se encuentra un Ferrari con una nota pegada en el limpia parabrisas: "Gracias, tu suegra te quiere. " - Al cabo de una semana la suegra se vuelve a ir de paseo, ahora con el segundo yerno y al pasar por el mismo lago, la señora se cae de cabeza de nuevo y empieza a ahogarse. El segundo yerno se sube los calzoncillos de cuello alto, salta de cabeza y acaba salvándole la vida. - Al día siguiente, el héroe se encuentra frente a su casa otro Ferrari, aún más caro que el anterior y una nota que dice: " Gracias, tu suegra te quiere." - A la tercera semana, la suegra sale a pasear con su tercer yerno, y a que no saben qué pasa, pues eso, que la vieja torpe de cabeza al lago...El tercer yerno se sienta en el césped, se enciende un porrete y empieza a partirse la caja mientras la señora se va muriendo... Al día siguiente, el tercer yerno al salir no se encuentra un Ferrari, se encuentra un Bugatti Veyron de oro macizo, con una nota que pone: "Gracias, tu suegro te quiere. "

162. El tipo en la armería. - Quisiera devolver a devolver la pistola que compró ayer mi esposa. - ¿Y eso?¿No funciona? - Funcionar, funciona...pero ya hemos hecho las paces.

163. - Hola, venimos a lo de la terapia de pareja. - Perfecto, lo primero por hacer es aparcar las diferencias – Pepe, déjame a mí, que tú conduces como el culo.

164. Mi suegra si viviera en la India sería sagrada pero si lo hiciera en Inglaterra estaría loca

165. Hola mami, ya he llegado - A estas horas...Es muy tarde, ¿Dónde estabas? - Pues estaba con Noe - ¿Qué Noe? - Noe de tu incumbencia.

166. Esto es un sinvivir, ya no me escuchas cuando hablo, Idelfonso – Lo que quieras mi amor, una sopita o lo que haya en la nevera, tampoco es que tenga hambre.

167. Qué malos tiempos cuando era una persona vanidosa e insoportable, menos mal que ahora soy perfecto.

168. Que sepas que no te voy a votar, pues yo voto ideas, no personas - ¿Ni por un millón de euros? - Entonces voto hasta a Lucifer, la idea suena de lujo.

169. Que sepas que soy de aquí te pillo, aquí te mato - ¿Te van las relaciones cortas? - No, la psicopatía.

170. -¡Mami, mami!, en el cole me llaman monstro... -Pasa de ellos, hijito, cierra tu ojito y a mumir.

171. -¡Mami! ¡Mami! En el cole me llaman loreal - ¿por qué? - por qué yo lo valgo, chata.

172. -¡Mami!, ¡mami!, en el cole me llaman jabón para lavadoras. -No te molestes, Ariel.

173. -¿Y tú a qué te dedicas? - Pues a respirar, no ganas mucho, pero da para vivir.

174. -¿Cómo se llaman tus hijas? - Cuétara la mayor y Fontaneda la menor ¿la tuya? - Alejandra. - ¡Tarado, le has puesto nombre de galleta!

175. -¿De dónde eres? -De Ibiza ¿y tú? -De Madeira -¡Como Pinocho!

176. -¿Pero dónde vas con esa borrachera? -A una conferencia

sobre las maldades del alcoholismo -¿A sí, quien la da? -Mi esposa en cuanto llegue a casa.

177. -Pepe, ¿Has visto usted como toca mi Pancracito el violín? ¿Que te parece la ejecución? - Igual es demasiado, con un par de collejas valdría, pero ejecutarlo...

178. -Papi, dicen que en muchos países de África y Asia un individuo no conoce a su esposa hasta que se casa, qué barbaridad -Bienvenido a la vida real...y no sólo es África o Asia.

179. El profe al alumno delante del padre - ¿Qué quieres ser de mayor? -Guardia civil y darte de palos, perroflauta - Caballero ¿Escuchó lo que me ha dicho tu hijito? - Si es que vas provocando con esas barbas, mugroso.

180. -¿Qué le pongo? -Pongame un cubata -¿Ron? -¿Harry? -¡Ay va, pero, qué sorpresa! -¡Qué haces aquí de camarero! -Yo que sé, llegué por arte de magia.

181. -Mi amor ¿Te apetecería que tuviéramos los dos un fin de semana perfecto? - ¡Planazo! - Pues nos vemos el lunes...Me piro con los colegas.

182. -Mi amor, ¿qué prefieres, playa o montaña? -Mmmm difícil decisión pero...Montaña -¡Pues coge la plancha y a vaciar esa montaña de ropa, tío vago!

183. -Mi amor, que sepas que te veo mejor -Pues que sepas queestoy más gorda -Pues eso he dicho, que te veo mejor, sobretodo a lo lejos.

184. -Mi amor, que sepas que tengo que decirte una cosa. -No te cortes. -Es que nunca he sabido cómo decirlo. -Por favor, no me asustes. - Voy a por ello, metrakilato, metraki, mecritilat....Lo que decía, no me sale.

185. -Ataulfa, ¿Estás enferma?..Lo digo por qué vi salir a un doctor de tu casa. - A ver, yo vi salir a un militar de la tuya, y que sepa no estamos en guerra, ¿capici?

186. -En mis tiempos los pitufos eran mucho más pequeñitos
-Abuela, calla y déjame ver Avatar.

187. -Mami , ¿cuál de las amigas de entre las que te presenté, crees
que es mi novia ? - La del top verde - ¿Cómo lo has sabido?
-Nada más verla ya me caía mal...

188. -Mami, mami, ¿por qué papi corre tanto? -Cállate y recarga
más rápido la ametralladora.

189. -Mami, mami, ya no quiero ir a Australia. -A callar y a seguir
remando.

190. -Mami, mami ¿tú sabes qué es la ignorancia? -No lo sé, hijito,
no lo sé

191. -Papi, auxilio, ¡La he cagado, la he cagado, ay va, que la he
cagado! -¿Que pasó hijito, que hiciste esta vez? -Iba a
despertar a mami con un pedo en la frente y ¡la he cagado!

192. -Mi esposa, cuando estuvimos navegando, quiso salir a la
cubierta del yate y se abrió la cabeza con la ventana.
-Escotilla... -Una cosa mala, siempre dándole al Radio Patio
con las vecinas.

193. -Mi novia me dejó, y encima, para acabar de agravarlo, se fue
con mi mejor colega. -Te entiendo perfectamente, amigo. -¿Te
ha pasado también a ti? -No, que va, pero hablo castellano.

194. -Que sepas que no hay sentimiento más poderoso que el
amor. -¿Puede un enamorado rayar diamantes con su visión
de rayos láser? -¿Perdona? -¡Pues entonces deja de decir
tonerías!

195. El padre torpe, viendo al hijo lidiar con la ropa - ¿Praticas
surf? -No -¿Y esa tabla?

196. -Papi, ¿por qué te casaste con mami? - Veo que tú tampoco te
lo explicas.

197. -Papi, ¡feliz día internacional del abuelo! -Ay hijita pero sí yo
no tengo ningún nieto. -¡Sorpresa!

198. -Perdone ¿me responde a unas preguntas para una encuesta?.

¿Tiene internet en su hogar? -Sí -¿Está contento con su actual compañía? -Si se refiere a mi marido, hasta los ovarios...

199. Un padre al hijo: -A tu edad Einstein era el primero del cole -Y a la tuya ya era Premio Nobel.

200. -Maruja, prométeme que cuidarás a los niños y que en el futuro le contarás bonitas historias de mí. -¿Otra vez buscando tus simples síntomas en Google? -Te quiero...

201. Messi a su esposa -Que sepas que me he tatuado tu nombre, por qué eres lo que más quiero en el mundo, más que la Copa del Mundo de fútbol que sabes que estoy que no paro con ella. -Pues ahí pone "FifaW.C.". -Es tu nombre en élfico.

202. -Que sepas que soy un alma errante.-¿por qué te equivocas mucho? -Dejémoslo estar, rubio.

203. -Que estrecho tu colega, no ha charlado en toda la noche. -Tía, que es mudo. -¿En serio? ¿Y todos los mudos son normalmente así de tímidos?

204. - Mami, mami, en el cole los borradores y las tizas ya no dicen que estoy loco. – Eso está muy bien – Ahora me lo dicen las sillas, las mesas...

205. –Mi amor, ¿es verdad que me engañas con otra? –No es otra, es la de siempre.

206. —Mami, ¿sabes qué es un golfo? —Tu padre, que deja a su mujer y su hijita en casa para ir con mujeres de mala fama y cree que no me doy cuenta —Apuntado ¿Y una bahía?

207. - Mami, mami. La escalera no tiene barandillaaaaaaaaaaaaaaaaaaaaaaaaaaaaaaaa.

208. ¡Mami, mami, en el cole me llaman cebolla! -Ay hijito, fuera de aquí que me estas haciendo llorar.

209. ¡Mami, mami, hay un topo en la ventana! -Deja tranquilo a tu hermano. (Candidato al más malo de todo el libro).

210. ¡Mami, mami, el té está frío! -Ya se calentará, que tiene un saquito.

211. ¡Mami, mami, en el cole me llaman vampiro! - Acabate la sopa antes de que se te coagule.

212. ¡Mami, mami, a mi papi le picó un tiburón!-No se dice le picó, se dice le mordió. -No mami, le picó, como la picadora de carne.

213. ¡Mami, mami, el abuelo otra vez se ha caído! -¿Y le has ayudado hijito? -Esta vez se ha caído él solo.

214. ¡Mami, mami, el abuelo tiene nervios! -¡Callate hijito, y sigue comiendo!

215. ¡Mami, mami, en el cole me llaman cabezón! -No haga caso, tonterías. -Mami, ráscame la cabeza. -¿En qué hemisferio?

216. ¡Mami, mami, en el cole me llaman hombre lobo. -Es tarde, ya ha salido la luna, ve a dormir y mañana lo hablamos. -¡No, no, no, no, nooooooouuuuuuuuuuuuuuuuuuuu!

217. ¡Mami, mami, en el cole me llaman John Rambo! -Mañana lo hablo con el profesor -¡No, ésta es mi guerra!

218. ¡Mami, mami, en el cole me estaban pegando una paliza de muerte! ¿Y te has vengado? ¡Claro! ¡Si no me vengo, me acaban matando!

219. ¡Mami, mami, en el cole me llaman búho! -Lo siento hijito, pero no podemos pagar otras gafas.

220. ¡Mami, mami, en el cole te llaman campana! -Nada, son tolontelías de la gente.

221. ¡Mami, mami, en el cole no saben decir mi nombre! -¡Cálla Ataulfoguirregomezdelido que no me dejas oir las noticias!

222. ¡Mami, mami, en el cole me llaman azafata! -¿Quiénes? -Los de allá, los de allá, y los de allá. (moviendo los brazos señalando las puertas y ventanas).

223. ¡Mami, mami, en el cole me llaman cabezabuque! -No hagas caso hijito, y guarda la gorra en el garaje.

224. -¡Mami, mami, en el cole me llaman dentudo! -No hagas caso hijito, pero cierra la boca que me rayas el parqué.

225. -¡Mami, mami, afuera está frío. -Pues dile que entre.

226. ¡Mami, mami, se acaba de morir la abuelita...y todavía tenemos más de medio abuelo en el congelador.

227. ¡Mami, mami, en el cole me llaman deforme. -No les hagas caso ahora cierra tus tres ojitos, tápate con tus alas y a dormir.

228. ¡Mami, mami, en el cole me llaman enano! -¡Cállate ya Pulgarcito, que estoy cocinando!

229. - Mami, mami, en el cole me llaman mono! -No les hagas ni caso y vuelve a subir a tu árbol.

230. ¡Mami, mami, en el cole me llaman mutante! -Tú no les hagas ni caso, ahora a lavarse las dos cabecitas, la colita, los cuernecitos, secarse bien las plumitas, peinarse las escamas y a dormir.

231. ¡Mami, mami, en el cole me llaman Big Foot! -Tú ni caso, ahora ve y deja las zapatillas en el garaje.

232. ¡Mami, mami, la tortilla se está pegando! -Apuesta a que pierde, que nunca le echa huevos.

233. ¡Mami, mami, me corté otra vez un dedo!-Pues, chúpatelo.- Primero a ver si lo encuentro.

234. ¡Mami, mami, me voy de caza!-Llévate los perros. -No, no, que me voy y no pienzo volver.

235. ¡Mami, mami, mi papi está tirando las cosas por la ventaaaaaaaaaanaaaaaaaaaaaaaaaaaaaa!

236. ¡Mami, mami, llamaron al timbre! -Las cosas de electrónica las lleva tu padre.

237. ¡Mami, mami! ¿Me dejas salir a la calle? -No -Pues sácame la jaula al menos al balcón que me de el sol.

238. ¡Mami, mami! ¿Te gusta la verdura asada? - Claro que sí, hijito. - Pues que sepas que la huerta está ardiendo.

239. ¡Mami, mami!, en la puerta hay más extraterrestres. -¿Otra vez los de Planeta Agostini? -Estos dicen que entregan del Planet Hollywood.

240. ¡Mami, papi, en el cole me llaman el solitario! ¿Mami? ¿Maaaami? ¿Mamaaaaaa? ¡Maaaaami! ¡Maaaami!

241. En el cole me llaman El Increible Hulk. -No te preocupes, pero la proxima vez que vayas, entras por la puerta y no atravesando ni derribando los muros.

242. ¡Mami! ¡Mami! ¿Puedo jugar con el abuelo? -Siempre y cuando luego vuelvas a guardalo.

243. ¡Mami!, ¡mami! ¿por qué te casaste con papi? -La de veces que me hago esa preguntañ

244. ¡Mami!, ¡Mami! En el cole me llaman cabezón -Tú ni caso, toma el rastrillo y ve a peinarte.

245. ¡Mama!,¡Mami!,en el cole me llaman mono. ¡Bueno, mi hijito,y ya bajate del árbol!

246. ¡Mami!¡mami! En el cole me llaman que tengo la boca muy grande, no le hagas caso corazón y ahora anda a buscar la pala que es hora de tomar el jarabe.

247. ¡Papi, papi en el cole me llaman peludo! -Cariño, el perrillo sabe hablar.

248. ¡Papi, papi un huracán se llevó el coche! -Imposible hijito, yo tengo las llaves en el bolsillo.

249. ¡Papi, papi! ¿por qué todo el rato me pones guacamole por encima? -¿No eres Nacho?

250. ¡Papi! ¡Papi! En el cole quieren que explique la diferencia entre las palabras potencialmente y realmente. -Te lo pondré fácil, ve y pregunta tu mami si se acostaría con otro hombre por un millón de euros. El chavalín va y pregunta: - Mami, ¿te acostarías con un desconocido por un millón de euros? - ¡Sin dudarlo! - ¡Papi, papi, ha dicho, que sí! - Pues ahora ve y pregúnte a tu hermana. - Cristina, ¿te acostarías con un individuo desconocido por un millón de euros? - ¡Por supuesto! - ¡Papi, papi, también ha dicho que sí! - Ahora pregúntele a tu hermano mayor. - Rigoberto, ¿te acostarías

con un individuo desconocido por un millón de euros? - ¡Sin pensarlo! - Papi, papi, Rigo también ha dicho que sí! - Pues ahora la moraleja y la diferencia, potencialmente tenemos tres millones en casa, pero realmente a un par de frescas y a un homo o bisexual.

251. ¿Sabes cuál es el castigo por bigamia? - Dos mujeres, dos suegras.

252. ¿Hijito estás borracho? -Mami, dijiste embriágate - Dije ¡Abrígate , abrígate¡

253. ¿Mami, cómo fue mi nacimiento? -Fue un viaje y muy bonito, llegué a un hermoso e increíble jardín lleno de flores y amapolas, escogí un lindo botón y... -¡Mami! ¡Que tengo dieciséis años, quiero saber si fue parto normal o cesárea!

254. ¿Por qué rompiste todos los espejos? -¡Por tu bien, para que no te sufras más, mami!

255. ¿Diferencia hay entre una pila y una suegra? Las pilas tienen un lado positivo.

256. Conversación entre un mecánico y su mujer - Mercedes, Benz y ponte de A4 patas que te voy a echar un Volvo en el Porsche y vamos a hacer un Clio, que a mí en esto del Saxo no hay quien Megane! - ¡Y qué Mazda! Eres un Golf-o. Como mucho me pongo A2 patas y me das por de Trans, luego te chupo el Polo y te pongo mirando pa León, Arosa, Ibiza o Córdoba y que Seat lo que Seat, pero eso sí, con mucho Stylo...

257. ¿Qué tiene dos ojos y más de cien dientes? Un tiburón. ¿Y dos dientes y más de cien ojos? Un autobús lleno de jubilados.

258. El matrimonio es una sucesión de sucesos, como la forma más rápida y segura de ponerse gordo, o el extraño proceso químico por el cual se consigue que media naranja se convierta en medio limón. A nivel legal, se considera probado que es la única guerra del mundo en que uno tiene que

dormir con el enemigo y en donde la cadena perpetua como pena es cancelada por mal comportamiento. A nivel matemático se dice que es aquella situación donde la mujer obtiene más de lo esperado, y ningún hombre espera lo que obtiene, donde el matrimonio es la suma de afectos, la multiplicación de las responsabilidades, la resta de las libertades y finalmente al acabar la división de los bienes...y además y finalmente, podemos garantizar que es la única causa segura de divorcio.

259. Eustaquio a su tía Cándida. - Tía, tía, eres muy tonta. La madre al oírlo le regaña y le dice: "Eustaquio, no le digas eso a mi hermana, ya le puedes ir diciendo que lo sientes. - Eustaquio de nuevo a Cándida: -Tía, no sabes cuanto siento que seas muy tonta.

260. -A mi hijito le hemos puesto gafas. -Con la de nombres bonitos que hay por el mundo...

261. A un individuo se le muere la suegra y va a la sede del diario de su pueblo para publicar la esquela. El caballero entra a la oficina de anuncios: - Quiero poner un anuncio por la muerte de la madre de mi esposa – Ningún problema, diez euros por palabra. - Ok, escriba Murió Carolina. - Perdone pero son mínaimo cinco palabras. - Yo sólo quiero gastar veinte. - No puede ser, mínimo cinco. El hombre se va a marchar pero se lo repiensa y dice: - Escriba Murió Carolina. - ¿Y las otras tres palabras? - Vendo Opel Corsa.

262. La policía para a un conductor que volvía a casa con su señora. El agente dice "Disculpe, pero circulaba a 120 por hora en una zona de 80", a lo que el conductor responde, "no es cierto, iba sólo a 85", contestando la esposa "pues en el cuentakilómetros marcaba 110", con lo que el conductor mira a la esposa con ganas de no callarse lo que piensa...El agente añade "Además le multaré por la luz fundida de la matrícula",

contestando el conductor "No sabía que tuviera una luz fundida", a lo que añade la mujer "Pero no es esa la luz que te dijeron en el taller oficial de cambiar hace medio año". El hombre congela a la esposa con la mirada. No harto con esto, el agente indica "Además veo que no lleva el cinturón de seguridad", contestando el conductor "Pero si me lo acabo de quitar para hablar con usted", a lo que añade la mujer "Por favor, si siempre lo llevas así cuando hemos salido como hoy y vuelves borracho a casa".

263. Abuelita, abuelita, ¿me enseñas el pie que dice mami que ya tienes ya en el cementerio?

264. Adán a Eva: - ¿Me amas? Y Adán con cara de circunstancias: - ¿Acaso puedo elegir?

265. Jesús de Nazaret se encuentra con un colega. -¿A donde vas Jesús? -A Jerusalén, de copas. -Yo me iría a otro lugar, que allí clavan.

266. Diferencia temporal entre antes y después del matrimonio: **Chico:** ¡Ya era hora, qué larga la espera!. **Chica:** ¿No querrás dejarme? **Chico:** Eso nunca. **Chica:** ¿Me quieres? **Chico:** A todas horas **Chica:** ¿Me fuiste alguna vez infiel? **Chico:** Imposible, ni se te ocurra el pensarlo **Chica:** ¿Me besars con pasión? **Chico:** Cada segundo del mundo. **Chica:** ¿Me mirarías con asquito? **Chico:** Yo no soy así. **Chica:** ¿Puedo confiar siempre en tí? **Chico:** Sí **Chica:** ¡Amor mío para toda la vida! ....Y la diferencia entre el antes y el después del matrimonio, ahora lee el texto en sentido inverso.

267. En la iglesia momentos ante de empezar la misa se aparece el Diablo. Cagados de miedo todos salen corriendo menos un viejecito inmutable. El Diablo se le acerca sorpendido: - ¿Y tú, por qué no me tienes miedo? - ¡Como voy a tenerlo sistuve casado con tu hermana por media vida!

268. - Mami, mami, ¿alguna vez te enamoraste de un profesor? - Sí

mi amor, - le contesté – el del instituo. - !Qué bonito! ¿qué pasó ? - Pues que tu papi pilló un mosqueo de mil demonios y te cambió de instituto.

269. Un individuo anciano por un parque haciendo ejercicio, caminando con su bastoncito, pim, pan, pim, pan. Un chaval se le acerca: - Disculpe caballero , ¿por casualidad usted no ha visto a un par de policías aquí dando vueltas por el parque? - No, ¿por qué? - Arriba las manos, ésto es un atraco.

270. Acabando la misa el cura hablando sobre el valor del perdón, preguntando cuantos de los feligreses perdonaron a sus enemigos, a lo que tres cuartas partes de la congregación levanta la mano. No contento con la pregunta, insiste sobre el valor y los distintos tipos de perdón, insistiendo que todos de algún modo u otro alguna vez perdonamos. Todo el mundo levanta la mano meons una señora muy muy mayor. El cura le pregunta la edad, cien años responde la señora, le pregunta si está dispuesta a perdonar a sus enemigos, a lo que la señora dice qué como iba a perdonarlos, si ella no tiene enemigos. Toda la parroquia en pie haciendo la ola y pensando en canonizar a la señora. El cura pregunta que cómo es posible que con cien años no tenga ni un sólo enemigo, a lo que la señora responde "Acabé con todos esos hijos de su madre".

271. Una madre primeriza, un vecino que se acerca y le pregunta a la mujer si puede ver a su bebé. La madre responde que habrá que esperar a qué llore, a lo que la vecina pregunta extrañada el por qué de esperar a que llore, a lo que la madre responde: "Es que no recuerdo donde diantres lo dejé"

272. Dicen que cuando las suegras hablan muchos no escuchan, en mi caso no es así, yo siempre escucho, a veces la radio, a veces la televisión, lo que sea.

273. Antes de meterse a exorcista, Pancracio tuvo una hija y se dedicaba a hacer surf... Ahora tiene la desgracia de que a su

hija le llaman la niña del ex-surfista.

274. Partiendo, el piloto suelta el típico rollo de vamos a llegar a Pernambuco en 15 horas y que esperan que tengan un vuelo plácido. Al acabar el piloto sin darse cuenta que se ha dejado el micro abierto le suelta al copiloto "no sabes cuanto me apetecería ahora un buen café y un mejor polvo con la azafata", la azafata al escucharlo y para avisar de lo del micro sale corriendo hacia la cabina, a lo que un pasajero dice "Pero donde vas con esas prisas, no ves que te olvidas del café".

275. No es cierto que después de la tormenta siempre venga la calma, por ejemplo cuando llueve mucho y has pasado de bajar la ropa por leer chistes...Llama calma a la respuesta de tu mami si hay valor.

276. Medio siglo de casados, él fallece, y al poco tiempo y de pena, la pobre viuda también. Al cabo de un tiempo, en el cielo ella logra encontrarle, va corriendo hacia él de felicidad y dicindo "Amor mío, amor mío, por fin juntos de nuevo", a lo que ella responde "Más despacio, más despacio, en el contrato lo ponía bien claro, hasta que la muerte nos separe".

277. Un equipo de fútbol en el vestuario, y uno de los jugadores ve que su compañero de equipo al cambiarse se coloca unas braguitas, un liguero y un sujetador. -Paco, no sabía que vistieras este tipo de ropa, ¿Desde cuándo lo haces? -Desde que mi mujer las descubrió en el maletero del coche.

278.

279. En la ducha del gimnasio: Ermenegildo, ¿me pasas un poco de tu champú? - Pero si tú tienes el tuyo casi lleno – Es que pone "para cabello seco", y lo tengo mojado.

280. Dos borrachos como una cuba de vuelta a casa -Sobre todo, no le digas a nadie, nadie, nadie, de ninguna de las maneras donde hemos estado esta noche. - De acuerdo, pero por favor, podrías decírmelo a mí, ¿dónde estuvimos? No recuerdo

nada.

281. Primer día del cole de Eustaquio, al llegar a casa: - ¿Qué aprendiste hoy, Eustaquio? - Pues no debe ser lo suficiente, pues me hacen volver mañana.

282. El agente del CSI en la escena del crimen: "caballero, ¿ha notado algún comportamiento extraño en su hijito?" -Sí, últimamente le sangra mucho la nariz. -Por ahí van los tiros...

283. Dos montañeros en una montaña cuando la cuerda ya no da más de sí -¿Rigoberto, estás bien ahí atrás? -Síííí de momentoooo -¿Te hiciste daño? -Todavía noooo. -¿Te has roto algo? -Nooooo... -Pues ahhora bajo a ayudarte. ¿Cuántos metros aproximados estás por debajo de mí? -Cincuentaaaaaaaa, ochentaaaaaaaaaaaaaaaaa, más de cieeeeeeeeeeeeeeeeeeeeeeen.

284. Dicen que la mejor manera de perder grasa inútil después de casada es...el divorcio

285. Dos colegas charlan: -¿Tú sabes cual es la diferencia entre accidente y catástrofe? - Pues yo ciría que es lo mismo. - Que va, por ejemplo, estás en la playa, viene una ola y se lleva a tu suegra para el fonde, pues eso es lo que llamamos accidente. -¿Y la catástrofe? - Catástrofe es que las olas van y vienen, y otra otra ola la devuelva a la playa a salvo.

286. -Mi tío murió de cataratas. -¿Le operaron? -No, un empujoncito en el Niágara.

287. - Mi hijito, en su trabajo, disfruta como pez en el agua. - ¿Qué hace? - Nada.

288. - Hoy al salir del curro he atropellado a un unicornio con mi nave espacial – Quién se va a creer que tienes curro.

289. Dos colegas perdidos, entran por error en un bar de ambiente muy muy radical donde todos bailan de manera desenfrenada. - Vaya "guiri...gay" ¿no? -Más de lo segundo que. de lo primero.

290.   Dos gitanos jugando al ajedrez: - Jaque mate con el caballo. -
       ¡Ja te mates tú con la fragoneta llena malacatones!

291.   - ¡Cuidado, cuidado, una mierda, una mierda, no la pises! -
       ¡Eso no es una mierda! - ¿Que no?, huélela, y dime. - Oler,
       huele mal, pero creo que no como una mierda. - Dejame a mí,
       pues a mí sí que me huele a mierda. Tócala, verás como lo es.
       -Pues a ver al taco y textura se le parece, pero no estoy seguro
       que sea una mierda. -Dejame a mí, a ver que la toque...pues
       pringar pringa como una mierda, yo diría que lo es. - No lo
       creo, seguro que ni sabe a mierda. -Dejame que la pruebe, a
       ver a qué sabe...!Mierda! Pues sí que sabe a mierda,
       confirmado es una mierda. - Menos mal que no la hemos
       pisado.

292.   -Oye Rigoberto, te veo de subidón -Sí, coincidí con una chica
       en el ascensor y nos hemos enamorado, soy el amor de subida.

293.   - ¿Hombre Evaristo, cómo te va la vida? - Pues no muy para
       allá - ¿A qué te dedicas? - Escribo en varios periódicos - ¿En
       qué sección? - En las de demandas de empleo básicamente.

294.   - Ayer a mi esposa le regalé un collar de perlas y está muy muy
       contenta. - No me seas machista, haz como yo que la llevo
       suelta

295.   - Hola Anastasio, ¿qué tal? - Pues vengo del funeral de
       Idelfonso, qué mal trago. - ¡Venga! Estaba perfectamente la
       semana pasada. - Ayer se cayó en un depósito de 5000 litros
       de cerveza. - Lo pasaría fatal. - No sé, antes de morir pudo
       salir hasta seis veces a mear.

296.   - ¿Qué tal la vida? - Mal, venimos de enterrar a mi hermano. -
       ¿Y eso? - Pues éstabamos en el balcón haciendo una barbacoa,
       y se acercó demasiado a la hoguera - ¿Se quemó vivo? - Qué
       va, ni mucho menos, pero del susto al moverse hacia atrás
       llegó a tropezarse con la barandilla en el balcón y estamos en
       un quinto piso. -¿Entonces se cayó y se mató? -Que va, al caer

le dio tiempo de agarrarse a la cornisa y empezó a resbalarse. - Vamos que se estampó y se hizo tortilla contra el suelo. -Tampoco, un vecino estaba viendo la escena y llamó a los bomberos, por lo que vinieron y pusieron una lona, pero mi pobre hermano al caer tuvo la mala suerte de rebotar fuertemente contra la lona. - ¿Y se estamó contra el techo, contra la pared, contra el suelo, contra un F18, con lo que sea, no? – Que va, el vuelo salió limpio hasta que se pudo agarrar en el aire a un cable de los de alta tensíon – Ah, vale, ahora lo entiendo, se electrocutó – Que va, iba con los guantes de la barbacoa que actuaron como aislante y le aguantaron hasta que se volvió a caer. - ¿Y al final se estampó con el suelo?- Que va, volvió a rebotar en la lona con lo que llegó de nuevo a la cornisa en la que volvió a quedarse enganchado al lado del balcón. -¿Pero entonces como murió tu hermano? - Pues los bomberos llamaron a la policía y tuvieron que acabar abatiéndolo a tiros.

297. Un colega viajero fantasmilla a otro: - Pues estuve en Portugal de vacaciones. - ¿Y qué tal las lusas?? - ¿Las lusas? Pues creo que no vi ninguna... El colega vuelve a casa avergonzado de no saber que es una lusa descubriendo que es el gentilicio de las portuguesas. Al año siguiente: - ¿Qué tal todo?? - Acabo de venir de Alemania - ¿Qué tal las teutonas? - Pues aunque no estuve en ningún museo creo que no vi ninguna. El viajero otra vez avergonzado se va a casa y descubre en el diccionario la palabra teutona como gentilicio de las mozas de Alemania. Al año siguiente se vuelven a encontrar pero esta vez el viajero no piensa caer en la pregunta de los gentilicios: - Acabo de venir de Egipto. - ¿Te gustaron las pirámides? - ¿Las pirámides? No veas qué fogosas, tuve sexo con cuatro de ellas.

298. - Tengo un perrillo que dice "buenos días". - Eso no es nada, yo tengo una lata que dice "tomate frito".

299. Duda gramatical. ¿ Por qué "separado" se escribe todo junto y "todo junto" se escribe separado?

300. Un hombre con una pala al hombro, agotado y sudando como un gorrino en Egipto a 30 de agosto. - Pero Anastasio, !qué mal te veo! - Estoy hecho polvo, vengo de enterrar a mi suega. - ¿Cómo te ha costado tanto, si tú eres muy fuerte? - Es que la muy bicha no se dejaba hacer.

301. Dos colegas de caza al bosque, se tropiezan con una cerca electrificada y uno de ellos queda inmóvil en el suelo, petrificado, ojos en blanco y sin dar ninguna señal de vida. El otro llama al servicio de urgencias - ¡Ayuda, ayuda, mi colega parece estar muerto, no se mueve, no se mueve! - Tranquilícese, primero antes de nada tiene que segurarse que realmente esté muerto. El cazador, deja el móvil en el suelo, cogiendo la escopeta, pum, pum y por si acaso otro pum. - Hola, soy yo de nuevo, me he asegurado de que está muerto. ¿Cual es el siguiente paso?

302. Dos colegas se encuentran una escopeta recortada. Uno de ellos se pone a mirar por los cañones pensando que son prismáticos. El otro aprieta el gatillo con la mala suerte (quién lo iba a decir) que los ojos del que miraba por los cañones, saltan y salen de las órbitas. El otro se le queda mirando y dice: ¡Pero chacho, no me mires así, que yo me he asustado tanto como tú!

303. - ¡Paco, Paco, mi esposa y mi amante vienen de frente hacia nosotros y van juntas. - Pues mira que yo iba a decir lo mismo.

304. - Mira, ésta es mi novia. ¿Qué te parece?. - ¡Increíble! - Tampoco hay que exagerar – Si no exagero, le pintas topitos negros y clavadita a la ballena de Liberad a Willy.

305. - Hace años que las mozas ya no van detrás de mí. - ¿Y eso? - Desde que dejé de robar bolsos.

306. - !Cuánto tiempo! Esta es mi hijita, la menor. - Pues mi hijito

es sol sostenido.

307. Las mozas desean una pareja que mínimo les haga reír y
      encima las proteja. ¿A ver donde encuentran un payaso
      samurai?

308. - Mi padre al morir me dejó todo el centro del pueblo, a mi
      hermano mayor la periferia y los huertos y a mi hermana los
      polígonos industriales. - No sabia que tu padre fuera rico. -
      No era rico, era el repartidor del butano.

309. -Oye Ermenegildo, ¿me prestas 25 euros? -Pero los quedes
      mucho tiempo. -No te preocupes, en menos de media hora
      han desaparecido.

310. Dos bebés en la maternidad: - ¿Tú eres un chavalín o una
      chavalilla? - Creo que una chavalilla, me han puesto patucos
      de color rosa. ¿Y tú? - Pues no lo tengo claro, estos pedazos de
      huevos no me dejan ver los patucos.

311. Dos borrachos en los lavabos de la discoteca: - ¿Tienes papel?
      – Que va, yo suelo cagar de memoria.

312. - Mira, ese platillo volante seguro que va a Venus - "Vamus" a
      "escondenus", que no "nus" vean.

313. Dos madres: - No te vas a creer lo tonto que es mi hijo. - No
      creo que sea más que el mío - ¿Que no? Supera esto.
      Eustaquito, ve a casa y mira si estoy allí. El niño se va hacia
      casa. La otra madre: "Ronaldito, toma este euro y ve al
      Carreful a comprar una TV en color". Los dos niños se
      encuentran y le dicen uno al otro: -No te vas a creer lo tonta
      que es mi madre, me dice de que vaya a casa a ver si está y no
      me ha dado las llaves. - Pues anda que la mía, pues no va y me
      manda a comprar una TV en color y no me ha dicho en qué
      color la quiere.

314. - ¿Qué pasa, estás muy seria?. - Mandé a mi esposo a la
      carnicería a por un pollo y lo ha atropellado mortalmente un
      coche. - ¿Y qué vas a hacer?. - Quién sabe, igual un arrocito.

315. - Mi esposo es marinero y se tira once meses en el mar y uno
      en casa. - ¿Y no se te hace el tiempo eterno?. - Que va, por
      suerte se pasa medio mes en casa de su madre.

316. En un campo de golf, dos tíos jugando, uno le pega bien
      fuerte y la pelota va a la otra punta del campo, con la mala
      suerte que cae con fuerza sobre la cabeza de otro jugador que
      estaba acabando otro hoyo. Al llegar a donde cayó la pelota y
      ver la escena el asesino involuntario escandalizado se pregunta
      qué puede hacer ante esta situación. Por suerte su compañero
      responde: "Desde esta distancia hasta la bandera yo le pegaría
      con una madera intentando sortear el viento del norte para
      que caiga cerca del green",

317. -¿Qué es de tu esposo, hace mucho que no lo veo? -Pues le dio
      por encerrarse en la bodega con dos barricas bien gordotas de
      vino tinto. -¿Y tú que haces con ello? -Pues voy, le dejo la
      comida en la puerta de la bodega, si es necesario le pongo más
      barricas de vino y me voy. -¿Y no echas de menos a tu esposo?
      - ¡Le echo de más, que coma y beba a ver si revienta!

318. En un atraco a un banco, el atracador muy nervioso y
      paranoico pregunta a un rehén: - ¿Me has visto robar este
      banco? El rehén asustado responde afirmativamente y el
      atracador le pega un tiro matando al rehén. Pregunta
      entonces a otro rehén: - ¿Y tú, me has visto robar este banco?
      El rehén responde afirmativamente y el atracador actúa igual
      y le pega un tiro matando al segundo rehén. El atracador ve a
      una pareja de mediana edad junto a una señora mayor: - ¿Y
      vosotros, me habéis visto robar el banco? El hombre
      responde: - Yo no vi nada de nada, pero aquí mi esposa y ésta
      mi suegra no se han estado perdiendo detalle.

319. Clase de ética, moral y buenos modales: - Esteban, imagina
      que estás cortejando a una chica de muy buena familia, de
      educación y modales superiores y de repente tuvieras que ir a

los servicios ¿Cómo responderías? - Espéreme un momento, linda dama, que voy a echar una meadita. - La respuesta es totalmente incorrecta, de mala educación y grosera. Rigoberto, ¿cómo lo dirías? - Excúseme, pero debo de ir a los servicios. Enseguida vuelvo a estar contigo. - Respuesta algo mejor, casi casi aprobado, pero sigue siendo desagradable el decir la palabra "servicios" en una comida. Y tú, Eustaquio, marqués de Bradomín, ¿serías capaz de mostrarnos la manera correcta de decirlo? - Por supuesto: "Querida, permítame pedir disculpas por deber ausentarme un momento, pero he de dar la mano a un amigo íntimo al que espero presentarle al acabar la cena".

320. El abuelo al nieto - En la mesita de noche de tu papi hay una cajita con unas pastillas azules con forma de rombo en las que pone "Viagra". Si me traes una de esas, sin contárselo a tu papi, mañana por la mañana te doy quince euros. -¿Quince euros? Eso es tres veces mi semanada, trato hecho. El chavalín accede a la habitación cual ninja en las sombras y consigue llevar una pastillita al abuelo. Esperando sus quince euros el chaval de buena mañana va a despertar al abuelo. - Abuelito, abuelito, ya es de día. El abuelo con una sonrisa y de muy buen humor le da un billete de cien euros, a lo que el niño dice "Pero si me dijiste sólo quince euros", a lo que el abuelo responde "quince son míos, ochenta y cinco de tu abuela".

321. - Papi, papi ¿Recuerdas que me prometiste cien euros si aprobaba todo este curso? Pues que sepas que te he hecho ahorrar cien euros.

322. En la iglesia, el cura soltando las típicas palabras de respeto hacia el difunto, que si buen esposo, que si mejor persona, que si excelente padre, etc, a lo que la viuda interrumpe al cura "¿Disculpe, puedo acercarme para verificar que es mi marido el que está en el feretro?"

323. El Juez en el juzgado, juzgando a un ladrón por asaltar una tienda de ropa y le pregunta al chorizo: - ¿Pero usted no ha pensado ni en su esposa ni en sus hijas? - Pues sí lo hice, pero es que la tienda era sólo de ropa para hombre.

324. El esposo a la esposa: Amorcito, en nuestro próximo Aniversario te voy a regalar una lámpara de Aladino. -¿Y para qué quiero esa tontería? - Para que guardes ese genio que tienes.

325. El esposo le escribe a su esposa un mensaje al móvil: Querida: La policía ha hallado un cuerpo quemado, con dentadura postiza, peluca, pechos caídos y caderas deformes... por favor, respondé este mensaje para saber que estás bien.

326. - Eustaaaaaaaaquia, Eustaaaaaaaaaaaquia. -Ya vienes otra vez borracho a casa y quieres que te eche la llave. -Pero si la llave la tengo en la mano, es la cerradura la que no encuentro.

327. -Mi amor, estoy sin calzoncillos - Déjame dormir, ya mañana te saco unos de la lavadora.

328. - Anastasio, el cura que nos casó se ha muerto. - El que la hace, la paga.

329. Viejecito millonario que se ofreció de beta tester de unos nuevos audífonos -Y entonces, señor Soros, ¿le funciona su audífono? - La verdad que me viene de lujo. -¿Y a su familia qué le parece? - Pues todavía nadie lo sabe, a lo tonto a lo tonto ya he cambiado tres veces el testamento.

330. - Mami, mami, ¿Las peras son transparentes? - No, no lo son – Ya decía yo que lo crujiente eran cristales y me estaba tragando una bombilla

331. El pequeño Eustaquio a su padre: - ¿Amargura se acentúa? - Con los años, con los años, pregúntaselo a tu madre.

332. Eustaquio distraído en clase mirando las musarañas y el profe que lo ve: - ¡Eustaquio, rápido, dime dos pronombres! - ¿Quién? ¿Yo?

333. - ¿Eustaquio qué debo hacer para repartir doce patatas entre ocho personas? - Pues así a ojo un puré de patata, señor maestro.

334. Eustaquio quejándose durante el reparto de notas. -Profesor, no es justo, Jairo tiene un nueve, y yo un cero. - Porque copiaste de él – ¿Y usted cómo lo sabe? - Jairo respondió a la pregunta 10 con un "No lo sé", tú respondiste con un "Yo tampoco".

335. El yerno a la suegra.... - No me digas como educar a mis hijos, estoy casada con una tuya y también tendría derecho a pataleo.

336. En el lupanar: "Hola, desearía conocerla, soy Ramiro Rodríguez, diputado provincial desde hace quince años y soy una persona honesta", a lo que la señorita responde "Encantada don Ramiro, yo soy Katie, quince años de fulana y soy virgen".

337. Clase de religión en la infancia - Eustaquio, ¿quién es Satanás? - Pues después de lo que me acabo de enterar sobre los reyes magos y el ratoncito Pérez...¿los padres?

338. En el Registro Civil el registrador con el padre: - Quiero poner a mi hijo Batman. - No señor, no le puede poner de nombre a un niño Batman. - ¿Y Goku? -Tampoco le puede poner a un niño Goku, tiene que ponerle un nombre de pila. - Pues pon Duracell que es lá única que conozco.

339.

340. En el cole: - Eustaquio, conjuga el presente de indicativo del verbo andar - Yo, yo, a ver, yo, sí, ya me acuerdo. yo aaaando, Tú, tú, cómo era, sí, , tú aaaandas – No tenemos todo el día, acaba más deprisa. - Pues él corre, nosotros corremos, vosotros corréis y ellos corren.

341. Cumple del abuelo, ya centenario, todo el mundo pendiente de cada uno de sus movimientos, pues el abuelo ya empieza a

sus cien años a tener salud de cristal...Al cabo de un rato el abuelo empieza a ladearse sobre la silla y todos asustados corren hacia el abuelo para ponerlo en posición correcta...Al cabo del rato el abuelo empieza a ladearse hacia el otro lado y todos corriendo a volver a ponerlo en la posición correcto. El abuelo muy enfadado dice: "Madre mía, que en paz descanse, ni el día de mi cumpleaños me puedo tirar un pedo tranquilo"

342. La clase de Eustaquio, hoy toca visita del director y la maestra quiere impresionarle, pidiendo que no digan "Maestra: ¿puedo ir al baño a orinar?" Y que en su lugar digan: "Maestra:¿ puedo ir al patio cortar una flor?" Ya que suena mucho menos desagradable y llamaría la atención del director. Durante la clase varios alumnos tienen ganas de ir al lavabo repitiendo una y otra vez "Maestra: ¿puedo ir a cortar una flor? Finalmente le toca el turno a Eustaquio que dice "Maestra, ¿puedo coger papel higiénico para limpiarme el florero?"

343. Partido por todo lo alto, Ponferradinen contra Bayer Tuberculosen: - Perdone, señora, este asiento a su lado ¿está vacío? - Es de mi difunto esposo que aaba de fallecer. - Vaya, lo siento, ¿y no tiene ningún colega que lo pudiera usar? - Ni me lo mencione, estoy indigandísima con esos chaqueteros, pues no van y prefieren ir al entierro...

344. Cena de gala en la casa del embajador, todos los políticos y la prensa van llegando, el primero que llega el primer ministro, que ante la petición por lo bajinis de su señora decide mangar un cuchillo de plata, metiéndoselo en la americana, pues a la señora le hacía ilusión tener uno de esos cuchillitos en casa, mira que son monos. La mujer del Presidente del Gobierno lo ve y con cierta envidia le pide por favor, por favor que le consiga también uno de esos cuchillos. El Presidente del Gobierno, avergonzado pero sin querer defraudar a su mujer

decide hacer lo mismo que el Primer Ministro, pero torpe como él sólo hace caer en el cuchillo ante la atónita mirada de toda la prensa. Avergonzado se levanta ante la desaprobación del Rey, que presidía la mesa, con el cuchillo de plata da varios toques sobre una de las lujosas copas y dice: "Señorías, quisiera enseñarles un impresionante truco de magia, ven este cuchillo....ahora voy a meterlo en mi americana, ven como lo pongo en la americana y dejo la americana aquí sobre mi silla...y ahora....señor Primer Ministro, mire que tiene usted en SU chaqueta".

345. Un padre haciendo selfies como un loco en el paritorio - ¿Es su primer hijito, caballero? - Que va, si ya tengo cinco, ¡Mi primer palo selfie!

346. Diferencias entre "boda" y "divorcio": En la boda todo es arro, en el divorcio todo es "paella" .

347. Cena de empresa, la Community Manager ha tenido la genial idea de hacer fotos de todos los empleados en grupo, pero al ser tantos y no caber en la foto, deciden hacerla por signos zodiacales. Van haciendo todos hasta que llegan a Leo y no hay ningún Leo. En ese momento aparece un grupo de tres personas y la Community Manager pregunta: "No seréis por casualidad Leo" a lo que responden "no, que va, yo Ramiro, él Rocco y éste Arnold".

348. Viaje de abuelitos de Madrid a Benidorm, durante el trayecto en autocar una amable abuelita se levanta y le da al conductor unos cuantos cacahuetes sin cáscara, que éste agradece y los disfruta. Al cabo de un rato vuelve a aparecer la abuela y le da otros cuantos cacahuetes y éste también se los come.... Al cabo de un rato vuelve a aparecer y a llevar más cacahuetes al conductor, a lo que este dice: "usted es muy amable, pero debería de compartir también con sus compañeros de viaje" a lo que responde la abuelita "Es que ninguno tenemos dientes

y por eso sólo podemos chupar el chocolate que cubre a los conguitos"

349. La abuela oronda o gorda a a su nieto: "Hoy vamos a hacer pan por lo que necesito que me traigas mierda de vaca para sellar la puerta del horno y que no se escape el calor". El niño vuelve al cabo de un rato con un cubo lleno de mierda y le dice a la abuela "Abuelita, abuelita, ¿no se mezclará la caca de vaca con el pan?" A lo que la abuela responde: "No te preocupes, lo que no mata, engorda", a lo que el nieto responde "Pues yo paso del pan, que viendo lo gorda que estás y como hueles empiezo a pensar que no es sólo pan".

350. - ¡Madre mía pero que fea es la novia! - ¡Como se atreve, ella es mi hijita!! - Disculpe caballero, no sabia que usted fuera el padre - ¡¡Soy su mami!! (Si tienes memoria este te debería de sonar, testeando si prestas atención).

351. Típica feria de los Estados Unidos, un individuo accede al interior de la tienda de campaña de una adivina. Pensando en reírse de la adivina, espera a que ésta le lea el futuro. - Caballero, puedo ver que usted es padre de dos niños. - ¡Fallaste, vieja bruja!. Soy padre de tres. - Si tú quieres creer eso...

352. En un velatorio, el encargado a la viuda: "Lo siento". La viuda le responde "No se preocupe, gracias, mejor lo dejamos como está tumbado".

353. - ¿Esposo mío, te has fijado en el borracho que había en la barra del bar?, pues es mi ex-novio, que no ha dejado de beber desde el día que nos separamos. - ¡Qué envidia, yo también lo estaría celebrando!.

354. Nuevo profe, inicio de curso, se presenta: - Buenos días, mi nombre es "Largo". Eustaquio responde: - "No se preocupe, tenemos de tiempo hasta final del trimestre".

355. - Doctor venimos porque mi esposa está muy constipada y ha

perdido por completo la voz, no se le escucha nada - ¿Y cual dice que es el problema? - Que mi esposa está muy constipada y ha perdido la voz. - Repito, ¿Y cual dice que es el problema?

356. En el instituto - Augustito ¿por qué has llegado tarde? - Es que estaba soñando que estaba viajando por todas las partes del mundo y me desperté un poco tarde. - ¿Y tú, Juan, a ti que te ha pasado? - ¡Alguien tenía que recibirle en el aeropuerto!

357. Dos borrachos - Pues yo dedico cada semana doscientos euros a lucha contra el alcohol. -¿Y cómo lo haces? - Gastándolos en cerveza, cuanto mas bebo yo, menos beben los demás.

358. Doctor después del parto del niño al que anteriormente llamaron los padres "Elengendro" a sus padres -Lo siento, he hecho lo que he podido pero al final el bicho pudo salir.

359. Era un bebé tan feo, tan feo, tan feo, que la madre tuvo dudas de quedarse con la placenta o con el niño.

360. - Mamá, mamá, hoy en el cole me han enseñado que Hitler inició la segunda Guerra Mundial, que Napoleón quiso conquistar Europa y que Gengis Khan conquistó medio mundo. - Bueno, tú por si acaso no te juntes con esa gente que no parecen trigo limpio.

361. - ¡Mami, mami, en el cole dicen que oy muy inteligente! ¿De quién heredé la inteligencia? - Será de tu padre, por qué yo aún conservo la mía.

362. Era una suegra tan mala, tan mala, tan mala, pero tan mala, que cuando se mudó al otro barrio en su tumba pusieron: - "Aquí puede que descanse ella, pero en casa os aseguramos que descansamos todos"

363. Dos borrachos en un campamento religioso, durmiendo en literas, el que está arriba, antes de dormir reza: -Con Dios me acuesto, con Dios me levanto, la Virgen María y el Espíritu Santo. De repente se cae y el borracho de abajo dice: - Si ya sabía yo que esa litera no iba a aguantar tanta gente.

364. - Amorcito, hoy hace mucho calor y toca cortar el césped
      ¿Qué crees tú que puedan pensar los vecinos si salgo y lo
      corto en pelotas? - Pues que seguramente me casé contigo por
      tu dinero.

365. Tres de la madrugada, en un parque por el que pasa una
      carretera, bajo una terrible tormenta, un borracho al fondo
      gritando: - Por favor que alguien que me empuje! Una pareja
      de guardia civiles pasa y le dice la Guardia al Guardia:
      "!Pobrecito, con esta tormenta alguien se ha tenido que
      quedar atrapado con el coche en el barro!", el Guardia Civil
      baja: "Caballero, caballero, hemos venido a ayudarle, dónde
      deberíamos empujarle", a lo que el borracho responde: "Pues
      donde va a ser, aquí en el columpio".

366. Un bebé tan feo, tan feo, tan feo, que los padres en lugar de
      llevar la pegatina de "Bebé a Bordo" llevaban la de "Bebé a
      Mordor"

367. Un bebé tan feo, tan feo, tan feo, que la mami en vez de darle
      el pecho le daba constanemente la espalda

368. - Mi amor, mi amor, dime una palabra con amor. - Con amor,
      con amor, amortiguador.

369. - Aix, no me seas estúpido, dime algo con amor – Con amor,
      con amor....!Amorfa!

370. Un niño a la madre: "mami, mami, cuando nací yo", la madre
      responde "el 16 de octubre", a lo que el niño mira extrañado
      "qué coincidencia, es también el día de mi cumple".

371.

372. -Eustaquio si en una rama hay tres pájaros, pegas un tiro y
      matas a uno, ¿cuántos pájaros quedan en la rama? -Pues
      ninguno. - Respuesta incorrecta pues si matas a un pájaro de
      tres pájaros quedarán dos en la rama. -Señorita, usted está
      equivocada, si pegas un tiro y matas a uno de los tres, créame
      que los otros se van volando y entonces no queda ninguno. -

No te pondré la pregunta como mal, me gusta como piensas, me gusta como piensas. Al día siguiente Eustaquio pregunta: -Señorita, si hay tres mujeres en la heladería, pidiendo tres helados y una de ellas lo lame, la segunda lo chupa y finalmente la otra lo muerde. ¿Cuál de las tres está casada? -La que lo chupa. -Pues, no, señorita, es la que tiene el anillo en el dedo, pero me gusta como piensas, me gusta como piensas.

373. -Qué mala suerte tengo, dios mío, pero qué mala suerte tengo. -Pero señor ¿que le ha pasado? - Ayer se cayo mi suegra y casi se mata, casi se mata, !casi!.

374. Un chaval algo rebelde en lo alto de una palmera en Elche, pasa un colega y le dice: "Oye tron, ¿qué haces ahí arriba?" El primero responde: "Pues mira, aquí arriba comiendo higos", el de abajo le dice "Pero si las palmeras dan dátiles, no higos", a lo que responde el de arriba "El kilo de higos lo he pagado y me lo como donde me sale de los cataplines"

375. - Por la mañana no desayuno, pienso en tí, por el mediodía no como, pienso en tí, por la tarde no almuerzo, pienso en tí, por la noche no ceno, pienso en tí...Y por la noche no hay quién duerma - ¿Piensas en mí? - Que va, tengo hambre.

376. -Papi, papi, ¿Cómo se llama cuando una persona duerme justo encima de otra? -Se llama hacer el amor, hijito, aunque aún eres pequeño para esas conversaciones. -Al día siguiente: - Papi, que dice la profesora que tienes que ir a charlar con ella -¿Qué fue lo que has hecho? -¡Yo nada! Pero la palabra que buscábamos ayer era litera.

377. Eustaquio en el balcón y oye: "¡Pijo de fruta!" y dice: - Papi, ¿qué significa pijo de fruta? - Significa "colega" Eustaquio ahora oye: "mierda" - Papi, ¿qué significa mierda? - Significa "abrigo" Eustaquio ahora oye: "ostia" - Papi, ¿qué significa ostia? - Significa "caramelo". Tras un par de meses llega el cumple del padre y los invitados van llegando, Eustaquio los

va recibiendo: - Pasad, venid por aquí pijos de fruta, dejad aquí vuestras mierdas, que me voy a poner a repartir ostias.

378. Un camionero recoge a un borracho haciendo autostop, en esto que el borracho empieza a hacer preguntas sobre qué hace cada botoncito del tablero de instrumentos, el camionero indicando para qué sirven pero que no puede tocar, en esto que le pregunta qué hace la cerradura de la guantera pues la confunde con un botón, "pues mira, ese es el avisador de viejas, cuando se cruza una vieja tú debes de pulsar ese botón y entonces yo la atropello". El borracho se queda entre pensativo y dubitativo, y decide no hacer más preguntas...Ya de noche una vieja va cruzando a lo lejos al pasar por el pueblo y el borracho empieza a pulsar desesperadamente la cerradura de la guantera, el camionero para reírse del borracho acelera hacia la vieja que aún está a lo lejos para finalmente esquivarla al acercarse. Se escucha un ruido fuerte y le dice el borracho "Oye, deberías de hacer que te revisen el botón avisa viejas, que si no es porque he abierto la puerta no acertamos con la vieja".

379. Diferencia entre comida a la carta en la casa del rico y en la del pobre. En la del rico comer a la carta es pedir lo que quieran y eso es lo que les sirvven...en la del pobre el que saca la carta más alta come.

380. Un niño jugando con una moneda en un restaurante, no se le ocurre nada mejor que metersela en la boca y empieza a atragantarse, la madre hace todo lo que puede para que la escupa, trata de meter la mano en la boca, le da golpes, maniobras de las de las pelis, pero nada. En esto que un caballero se acercca en ayuda, y con gran tranquilidad coge de los testículos al chavalín y los va apretando con fuerza, hasta que finalmente tira de ellos con fuerza y el niño entre gritos de dolor escupe la moneda. La madre le pregunta "Caballero,

muchas gracias, es usted Doctor", a lo que el señor responde "Ni mucho menos, soy Inspector de Hacienda, tengo experiencia en tocar los huevos y tener a la gente agarrada por los mismos hasta sacarles la última de sus monedas..

381. Vuelta al cole, la profesora decide que el tema del día sean las vacaciones. - Y ahora corregiremos las frases que escriba en la pizarra como 'En estas vacaciones me he havurrido mucho'. - Eustaquio, ¿qué faltas ves tú? - Pues así a ojo, falta de amor y de compañía, ¿no?

382. Uno que le suelta una buena galleta a otro individuo, el segundo le reta: - Que sepas que esto no se va a quedar así. - Seguro, en unos minutos se te va a hinchar y poner rojo.

383. - Te veo preocupado. ¿Te pasa algo? - Sí, algo muy importante. - Dímelo que para algo somos colegas. - No aquí no, que es un secreto, y podría alguien oírnos. Salen fuera del bar y el colega le dice: - Es que tuve un problema con el juego y debo casi 10000 euros. - Nada no te preocupes, no le cuento tu secreto a nadie.

384. - ¿Qué crees que es peor, la ignorancia o el desinterés? - Ni lo sé ni me importa.

385. En el manicomio - ¡Tenemos que escapar! - Vale, pero ¿cómo? - Si la valla es alta hacemos un túnel por debajo, y si es baja la saltaremos por encima. Va a mirar la valla y le dice: -Creo que no nos vamos a poder escapar, pues resulta que no hay valla.

386.

387. Dos pijas y una gitana. Pija 1: "Mi esposa me ha regalado un yate para poder navegar por el mediterraneo", la gitana "Increíble". Pija 2: "Pues a mí, me ha regalado un jet privado para poder vaiajr por tod el mundo", la gitana "Increíble", y esto que le preguntan a la gitana: "Y a tí tu marido no te ha regalado nada". La gitana responde "Es que cosas materiales y estúpidas no queremos, así que mi marido me ha regalado un

logopeda, por ejemplo yo antes decía fragoneta y ahora digo Furgoneta, antes decía Frederífico y ahora digo Frigorífico, antes decía malacatones y ahora digo melocotones, y por último, antes decía "me súa tol moño" y ahora digo Increíble"

388. Un individuo muy asustado se encuentra con un colega: - ¿Qué haces qué estás tan asustado...? - Mi suegra que está como una cabra, dice que si no consigo mil euros, coge un mechero, se riega con gasolina y se prende fuego. - Entiendo tu desesperación, ¿Cuánto has conseguido? - De momento sólo cerillas y litro y medio de gasolina.

389. -Mami, me voy a lavar la cabeza. - Con gripe? -No, no, con shampoo.

390. Eustaquio a su tía: - ¿De dónde vienes? - Del salón de belleza – ¿Cerrado, on?

391. -¡Papi, papi, soy gay! -No, no, el gay soy yo, tu mami la gayna, tú el pgincipito y tus hermanas las elinfantas.

392. - Mami, mami, en el cole me llaman Pato. - ¿Por qué?, Hijito. - Pues cua, cua, cua, cualquiera sabe.

393. -Mami, mami, ¿tú quieres mucho al bebé que vas a tener? - Claro que sí, por supuesto que lo quiero - ¿Y entonces por qué te lo comiste?

394. Para carnaval este año los niños van a ir disfrazados de vegetales y verduras, la profesora repasando como van vestidos sus alumnos: -¡Hola Rigoberto!, ¿de que vas? -De tomate. -¿Y tú, Gabriel? -¡De brócoli! Aparece Eustaquio en pelota picada y con una flor metida en el culo. -Pero Eustaquio,¿Qué haces desnudo?! -Yo es que voy de culiflor

395. Jesús tiene que sustituir a San Clementino en las puertas del cielo debido a qué éste tiene que ausentarse para ir al baño (sí, los santos también mean). Un abuelo aparece - Abuelo, ¿usted a qué se dedicaba? - Yo era carpintero. Antes tenía una larga barba con muchas canas, igual por eso no me reconoces

siempre fui pobre pero tuve un hijito fruto de un milagro que se hizo muy pero que muy famoso y pasó a ser muy pero que muy querido por todos los hombres, primordialmente por los niños. Jesús incrédulo y entre sollozos no da crédito a sus oídos y le dice "Pa....pa...¿eres tú, papá? El abuelito responde entre sorprendido y emocionado: "Madre mía, Pinocho, !cómo has cambiado!"

396. - ¿Te vienes a la fiesta? - No puedo, tengo a la esposa embarazada de días. - Pues que venga el Díaz también.

397. -¡Oye, tío! No te veo últimamente por la disco. -Es que he estado en una clínica durante quince días para dejar lo del tabaco. He asistido a charlas, he probado con parches y pastillas, y una maravilla, ya no tengo ganas ningunas de fumar -Pero si estás fumando ahora. -Sí, pero sin ganas.

398. - Ayer llegué a casa a las doce de la noche, borracho como una cuba y mi esposa me dio un sartenazo por cada campanada. - ¿Aprendiste la lección? - Sí, hoy llegaré a la una, que duele menos.

399. El típico mal vecino que deja la basura en el jardín del vecino, una noche, el vecino, ya de mala uva lo encuentra en plena faena. - Como continúes tirando tu basura en mi jardín tendré que dar parte a la policía. - Como si quieres dársela toda, a mí ya no me sirve para nada.

400. -Mi amor, mi amor, ¿qué me has comprado para nuestro aniversario? -Una tumba en el cementerio. Esa noche le tocó dormir en el sofá... al año siguiente: -Mi amor, mi amor, ¿qué me has comprado para nuestro aniversario? -Este año nada, pero si todavía no te has dignado a usar el regalo del año pasado.

401. En Galicia - Mariano, dime algo que me deleite. - O una vaquinha o una cabrinha.

402. - ¿Tú rezas antes de comer? - No, mi madre suele cocinar muy

bien.

403. El jefe al trabajador – Te di un día libre para ir al entierro de tu suegra, y la vi haciendo la compra en el mercado y luego paseando por el parque. - No hay que fiarse de las suegras.

404. - Hijito ¿que haces dentro de la nevera? - !Papi dice que soy la leche!

405. Una tía tan fea, tan fea, tan fea, que no se atreven a sacarla de casa, pero a la vez muy religiosa.... Semana Santa se acerca y ella quiere ir a las procesiones, e insiste e insiste hasta que la dejan ir. Vuelve todo ilusionada: "Papi, papi, no te lo vas a creer, en la procesión me confundían con la virgen, varios se me han cruzado gritando !Madre de Dios!"

406. - Mi amor, mi amor, me puse a dieta - ¿Cuánto has perdido? - Una semana.

407. - ¡María, María, que han ingresado a mi marido en la UVI!. - Pues si el tuyo está en la UVI el mío en la CIRUELI.

408. Eustaquio ¿cuánto son dos más dos? -Pues como no me des mas datos...

409. Tres chicos que van a un fruticlub y en la puerta hay una maquina con ranuras para meter billetes y monedas. Juan mete 50 €. y en la maquina sale un ticket diciendo planta 4 fruta 6. Pepe mete 25 euros y el ticket dice planta 2 fruta 8, a lo que Eustaquio mete 50 céntimos y en el ticket le pone planta baja fruta calle.

410. Luna de miel - ¿Es verdad que sólo me amas porque mi padre me dejó una gran fortuna? - No, mi amor. Yo te amaría sin importarme quien fuera el que te la dejara.

411. Cuatro directivos de altas empresas del IBEX35, fardando de quién tenía el mejor hijo, y como buenos directivos del IBEX, vacilando de lo machote que ellos y sus hijos son (ya sabéis, las empresas suelen ser machistas) pero antes uno de ellos tiene que ausentarse para ir al baño "No es por presumir pero

mi hijo es un crack del tema mercantil, y tiene a las mujeres loquitas, ha ganado tanto que se ha podido permitir regalar un chalet en la Sierra a uno de sus amigos", el segundo también orgullos dice "Pues yo tampoco presumiría, pero mi hijo es super inteligente y podría estar con la mujer que quisiera y está arrasando en Wall Street, le va tan bien que se ha permitido crear un paquete de acciones millonario a uno de sus amigos", el tercero no va a la zaga "Pues el mío es un gran diseñador del mundo de la moda, mira que es el único no gay en ese mundo, por lo que ha tenido muchas barreras de entrada, pero le va tan y tan bien, pero tan bien que ha podido pagar un Ferrari a uno de sus amigos". El cuarto en discordia vuelve a la conversación y le preguntan por su hijo. Avergonzado el padre dice: "Pues ya sabéis que mi hijo siempre tuvo tendencias homosexuales, cosa que hoy día no me importaría si no fuera porque no deja de aprovecharse y estafar a los más tontos de los que aceptan sus prácticas sexuales más desviadas y depravadas, con deciros que a uno le ha sacado un paquete de acciones millonarias, a otro un Ferrari, y finalmente al último un chalet en la Sierra".

412. - ¿Y a tí cómo te va con lo que está pasando y estando en plena crisis? - Pues la verdad es que ahora duermo como un bebé. - ¿De verdad? - Sí, cada tres horas me despierto llorando y llorando.

413. - ¿Cómo estás? - Mal, la verdad que muy mal- ¿Y eso? -Me han largado del trabajo, mi hijo el mayor ha empezado a darle a la bebida, mi hija se fue de casa con un ladrón de banos, mi hijo el menor ha empezado a pincharse, mi suegra no para de tirarme objetos a la cabeza...Imagina si estoy desesperado por la situación que si mi mujer se va con otro hombre le voy a proproner irme con ellos.

414. - ¿Cuántos años tienes? - Noventa y pico – Yo noventa y tres

pero no pico entre horas.

415.　- ¿A dónde vas? - A por estiércol para las fresas – Yo diría que están mejor con nata.

416.　- ¿Por qué llegaste tan pronto del cole? - Fui el único capaz de contestar una pregunta. - ¡Muy bien, Eustaquio! ¿Cuál fue esa pregunta? - ¿Quién le pinchó las ruedas al coche del Director?

417.　- Mami, mami, se me ha caído un diente. -Déjalo debajo de la almohada y el ratoncito Pérez te dará algo. Al día siguiente, la mami pregunta: "¿Qué te trajo el ratoncito Pérez?" a lo que el niño respondió "Un papel que dice Siga participando"

418.　El chavalín cantando en el autobús: "Si mi papi fuera un caballo y mi mami una yegua yo sería un caballito, si mi papi fuera un cerdo y mi mami una cerda yo sería un cerdito" El conductor ya harto le dice: - ¿Qué serías si tu madre fuera prostituta y tu padre político ladrón? - Seria un conductor de bus

419.　Tres colegas, de nombre Tonto, Nadie y Ninguno. Tonto va a la policía: "Agente, Agente, Nadie se cayó al pozo y Ninguno lo está ayudando". -¿Usted es tonto? -Sí, encantado.

420.　Variante del chiste del demonio y la iglesia: La esposa harta de que su marido llegue a las tantas a casa, para escarmentarlo decide disfrazarse de demonio para darle un susto de muerte cuando llegue. A las cinco de la mañana llega y la mujer en su papel de demonio se interpone en su camino- -¡He venido a llevarte! - Venga por favor, que somos familia ¡Hace treinta años que me casé con tu hermana!

421.　Cuatro de mis mejores soldados han pasado a mejor vida, pues cayeron al mar durante el bombardeo atronador. Siempre recordaremos su honor y valentía. - Ya Doroteo. ¿pero has tirado de la cadena?

422.　"Hijita, hijita no juegues con Candela." Y así fue como

Candela se quedó sin amigas.

423. -Mami, mami, afuera está lloviendo. -Pues no le dejes fuera, que pase.

424. -Tienes que ser positivo, hijito. -Pero no puedo ser positivo por qué soy RH negativo.

425. -Hijito, ¿Quedó buena la sopa de mami? -Sí papi, la vamos a extrañar muchísimo.

426. -¿De qué vive tu papi? -De las letras. -¿Es escritor? -No, diabético y vive tomando vitaminas A, B, C, D y E.

427. Robo en una joyería de pueblo de los de antes, y el único sospechoso un viejo mendigo. La policía quiere hacerle canta y no se les ocurre nada mejor que meterle la cabeza en el lago para ver si así canta. Primera sacudida y le preguntan donde están las joyas, obteniendo la callada por respuesta. Esta vez le meten la cabeza por más tiempo, a lo que vuelven a preguntarle por las joyas con la misma respuesta. Finalmente le meten la cabeza hasta que está a punto de morir, a lo que el hombre ya todo azul decide responder "Señor policía, yo trato de verlas, pero no las veo, ¿no sería mejor que llamaran a un buzo?"

428. Dos tontos muy tontos en una moto, uno se rasca la cabeza con el casco puesto y el otro le dice: - ¿Por qué te rascas la cabeza con el casco puesto? -¿Acaso para rascarte el culo te bajas los pantalones?

429. Eustaquio ¿cómo fue el examen de Matemáticas? - Como a los del Polo Norte - ¿Qué quieres decir? - De cero para abajo.

430. -A ver Eustaquio, que tiempo verbal de: "esto no debería haber pasado"? -Preservativo imperfecto.

431. - A ver Eustaquio palabra empezando por la letra M. - Sartén! - Eustaquio, sartén no contiene ninguna M. - Toda sartén tiene un Mango para agarrarla.

432. Eustaquio entra en el autobús y pregunta: - ¿Cuanto cuesta? -

Un euro. Eustaquio se pone en el medio del pasillo y grita:
-¡Bajen todos que me lo quedo!

433. Eustaquio en el baño y escucha "boom" -Mami, mami ¿que
era ese ruido?– He sido yo tirando a la lavadora por la
ventana por vieja. Más tarde es la madre la que oye "boon"-
Eustaquio hijito ¿qué a sido ese ruido? - He sido yo tirando a
la abuela por la ventana por vieja.

434. -¿Qué quieres ser de mayor, Eustaquio? -Carnicero -¿Por qué
carnicero? - Porque en el cole ya aprendí a hacer chuletas

435. Eustaquio arriba de un árbol y su mami le dice: - Eustaquio
baja – No, no quiero, no voy a bajar. Dos policias: - Eustaquio
baja – No, no quiero, no voy a bajar. Dos bomberos con
mismo resultado. Viene el cura y le hace la señal de la cruz y
entonces Eustaquio baja como alma que lleva el diablo. - ¿Por
qué bajaste? - El cura me dijo por señas que o bajaba o me la
cortaba.

436. -No llores Eustaquio, que te vas a poner muy feo. - ¡Pues no
habrás tenido que llorar tú en tu vida!.

437. - ¡Papi, papi, tengo una noticia buena y otra mala! - Dime
primero la buena - ¡He aprobado todas! ¿Y la mala? - ¡Es
mentira!

438. - Maestra, ¿usted me castigaría por algo que no hice? - Claro
que no. - Pues que sepas que no hice mis deberes.

439. Eustaquio llama a la profesora a las tres de la madrugada... -
Señorita, ¿está durmiendo?. - Sí, ya estaba dormida! - Qué
suerte, usted durmiendo y sus alumnos con los deberes a las
tres de la mañana...

440. - Mami, mami, hoy en el cole quedé el primero en una carrera.
-¿Quién participó? -¡Sólo yo!

441. -Mami, mami, hoy hemos aprendido que el mundo da
vueltas. -Muy bien, ¿me haces un favor, ve al supermercado y
me traes una barra de pan y una botella de leche?. Tras tres

horas la madre extrañada sale de la casa y se encuentra a Eustaquio sentado en la escalera. -¿Cuándo vas a ir a comprar? -Al dar el mundo vueltas estoy esperando a que pase un supermercado por aquí.

442. -Mami, mami en el cole me llaman pelo verde -¿Por qué Eustaquio?-No sé (mientras se suena los mocos con la manga del jersey y los pasa por la cara hasta el pelo)

443. Sabes que cuando te pones las lentillas al revés te ves a ti mismo con más profundidad.

444. -He comprado un nuevo cepillo para el inodoro. -Creo que sigo prefiriendo el papel.

445. La esposa llama cabreada a la recepción del hotel: - Vengan rápido, he tenido una discusión con mi esposo y dice que saltará por la ventana. - Señora, eso es un asunto personal. -La ventana no se abre, y eso es un problema de ustedes.

446. - Mi amor, ¡Estás que te comería! Pareces un almuerzo - ¿Y eso? - Eres todo panceta, chicharrón, pellejo, un poquito de chorizo y huevos.

447. - Vamos a la peluquería – No, no y no. Tengo mido y no tengo ganas. - Pero Eustaquio ¿por qué tienes miedo de ir a la peluquería? - Pone que hay una crema que te quita diez años y yo tengo siete.

448. -¡Sube, hijito, sube, por favor, pilla el ascensor y sube las cinco plantas! -!No que me vas a tirar otra vez!

449. - Mañana me traéis objetos relacionados con la medicina. Al día siguiente: - Clemente, ¿qué has traido?. - Unas tiritas. - ¿quién te las ha dado? - Mi mami. - ¿Y qué te dijo? - Que sirven para ponerse encima de los cortes. - Eustaquio, ¿tú qué has traído? - Una bombona de oxígeno. -¿Quién te la ha dado? - Mi abuelito - ¿Y que te ha dicho? - ¡Que me ahooooooooogo, que me ahooogo!

450. -Si yo digo que fui rica, es tiempo pasado, pero si digo que soy

bella ¿qué es, Eustaquio? - Pues entre exceso de imaginación, fantasía o ciencia ficción.

451. - Cuéntenme las buenas obras que hicieron recientemente – Yo ayer ayudé a una viejecita a cruzar la calle. - ¿Y tú Jerónimo? - Di de comer a un hambriento. - ¿Y tú, Eustaquio? - Evité una violación –¿Cómo? - Al final la convencí.

452. - Oye, Gregorio, Nunca me has regalado flores - ¿Flores, para qué? Todavía vives.

453. - Mi vida, ¿me he quedado muy separada de la acera? - ¿De cuál de las dos?

454. - Cariñito, esos pasteles huelen increíble - Pues si quieres volvemos a pasar

455. Me han regalado una TV y creo que ha pertenecido a Lady Gaga, pues en ella pone LG.

456. – ¿No te da vergüenza ser el último de la clase? - Alguien se tenía que sacrficar.

457. - Augustito, ¿qué pasa si tiramos una piedra al agua? - Pues se hunde, señorita - ¿Qué pasa si tiramos una hoja al agua? - Pues que flota, señorita. - Eustaquio ¿qué pasa si echamos un pinchito? - Pues que estos se quedan sin el resto de la lección mientras pinchamos.

458. Dos niños discutiendo y la profesora enmedio. - Eustaquio, ¿qué te pasa? - Soy demasiado listo para estar en primero, mi hermana es mucho más tonta que yo, y está en tercero, por lo menos he de estar donde ella. para estar en el primer curso. - Mi hermana está en tercero y yo soy más inteligente que ella. La profesora lleva el caso al director, quién propone hacer un test al niño para confirmar si es tan listo como dice, empezando por las matemáticas, que si cinco por cinco, que si diez menos cuatro, a lo que el niño va acertando todas las preguntas, incluso las de los niveles superiores. La profesora, no conforme con la decisión decide hacer preguntas de lógica

en lugar de matemáticas para ver si pilla al niño. - ¿Qué tengo yo dos de las que una vaca tiene cuatro? - Las piernas. - ¿Qué no hay en tus pantalones que hay en los tuyos? El director empieza a dudar de las preguntas a mala leche de la profesora, pero Eustaquio sigue respondiendo con lógica aplastante. "Los bolsillos" dice Eustaquio. "¿Qué tiene en el medio la mujer que sólo lo tiene por detrás el hombre?", Eustaquio responde la letra E mientras el profesor se sofoca. "¿Dónde tienen las mujeres el pelo más rizado?" Con sudor frío ve el director como Eustaquio responde "En Africa, señorita" En la siguiente casi le da un sopor al profesor "¿Qué cosa es blanda pero en las manos de la mujer se vuelve dura?", respondiendo Eustaquio "El esmalte de uñas", y "¿Qué tienen las mujeres en el medio de las piernas?", mientra sel director se santigua Eustaquio responde "Las rodillas, señorita", en la siguiente Eustaquio tampoco duda "¿Qué tiene una mujer casada más ancha que una soltera?", "la cama responde Eustaquio", El Director cree saber la respuesta de "¿Qué palabra de una parte del cuerpo empieza por C, acaba por O y la única manera de agarrarlo es por detrás?", pero se queda anodadado cuando Eustaquio responde "Codo". El Director ordena parar a la profesora antes de que le de un ataque al corazón y responde "Al niño hay que subirlo lo menos a sexto, yo no sólo he fallado todas las preguntas, además ahora requiero una ducha fría".

459. - ¿Qué diez libros te llevarías a una isla desierta? - ¿Tantas patas de mesa sin calzar hay?

460. Las mozas que buscáis a un individuo delicado, que sea sensible, muy delicado y atento hasta el mínimo detalle...sabed que ese tipo de hombres también buscan a ese tipo de hombres.

461. Diferencias en las relaciones con el tiempo, mientras en las

dos primeras semanas siempre duermes en la cama, compartes sus fantasías y haces el amor más de seis veces a la semana, mientras te pide que no pares, tras dos años de convivencia lo que te pide es que no sigas, lo que compartes son las peores responsabilidades, y el amor lo haces seis veces al trimestre.

462. En una boda en la que ya habíamos estado antes, un caballero que no había aparecido antes - ¿Se ha fijado pero que fea es la novia?Prácticamente una aberración -Empiezo a cabrearme, la novia es mi hija. - Disculpe, no sabía que fuera el padre -Que no soy el padre, que soy la madre, !imbécil!

463. - Mi esposo y yo somos inseparables. - ¿Lo hacéis todo juntos?. - Que va, pero cuando nos peleamos ni siete vecinos pueden con nosotros.

464. -Mami, mami ¿tenemos gelatina? - Pues que yo recuerde había "i" latina, "y" griega, pero no me suena lo de la "g" latina y la "g" griega, pregunta a tu padre.

465. - Niño, deja de comer phoskitos, que vas a reventar. - Tú dame otro y luego si quieres mantén la distancia de seguridad.

466. - Cariño, ¿no crees que tras veinte años juntos ya va siendo hora de formalizar la relación? - Formalizarla, si más formal no puedo ser, me das asquito desde el primer día y me lo estoy callando.

467. El cerdito a la cerda madre – Mami, mami, ¿por qué tengo el agujerito por debajo la colita? -Porque si lo tuvieras por delante de la colita serías una hucha.

468. - Me dijo un pajarito que te han visto drogándote -Tú viendo pajaritos que hablan y ¿soy yo el que se droga?

469. En la boda de la chica fea, el padrino 1 al padrino 2 (sin duda la mejor parte del padrino), en voz muy baja: -¿Cómo puede tu hermano casarse con esa mujer tan fea, tan peluda, tan basta, tan amorfa, si prácticamente es un hombre del Cromagnon? - No te preocupes, puedes chillar, encima es

sorda.

470.   Mi marido siempre quiso tener algo que se pusiera de 0 a 100 en menos de tres segundos, al final le compré una báscula.

471.   - ¿Has vuelto a comprar en el recreo una palmera de chocolate para variar? - No, fueron dos, y para variar no, para comer, para comer.

472.   El señor Presidente del Gobierno al que publica este libro - ¿Usted es el de los cuentos? - No, yo soy el de los chistes, creo que el de los cuentos es más bien usted.

473.   - Mami, mami ¿de dónde vienen los seres humanos? - De Adán y Eva. Mami, mami ¿de dónde vienen los seres humanos? - De Adán y Eva. -Papi, papi ¿de dónde vienen los seres humanos? - De los monos, nuestros antepasados. -Mami, mami, ¿por qué papá dice que venimos de los monos y tú dices que de Adán y Eva? -Bueno, el tiene su familia y yo la mía.

474.   - Urgencias, tengo un problema, a mi marido le ha pasado una apisonadora por encima. ¿Que dónde se encuentra mi marido? Pues ahora en la calle de Eustaquio número 57, ahora también en el 59, y un poquito ahora en el 61, siguiendo por el 63...

475.   - Mami, mami, en el colegio dicen que tengo más boca que la boca del metro. - Anda calla y ve al granero a por la pala, que toca la hora de la sopa.

476.   - Mami, mami, en el colegio todo el mundo me ignora, mami, ¿mami? ¿maaaaaaaaaami? !mami!

477.   - ¡Felicidades Eustaquio! - ¿Por qué me felicita si hoy no es mi cumpleaños? - Llegaste el primero a clase. - Anda, otra vez que mis papis se han confundido con el cambio horario.

478.   - Mami, mami, en el cole me llaman mal hablado -¿Quién? - Los hijos de frutas encabritados de los demás niños asquerosos que se podrían ir a tomar por cielo y que se

pudrieran todos en el infierno.

479.   - Mami, mami, ¿Cómo nació el bebé? - Lo trajo la cigüeña -¿Y yo? - A tí te encargamos en París - ¿Entonces nunca has tenido un parto como las demás mujeres?

480.   - Mami, mami, he engañado al autobusero, le di un billete de quinientos euros, y cuando me iba a dar el cambio pensando que iba a subir, salí corriendo.

481.   - Mami, mami, en el cole me llaman chavalín -Ni caso, ahora ve y peinate la cara.

482.   - Pero cómo vuelves a casa como una cuba y a las tres de la mañana, ni en modo ninja consigues no despertarme – Perdona, ¿Qué? - ¿Qué de qué? - ¿Que qué de qué? - ¿Que qué de qué que qué de qué? - ¿Que qué de qué que qué de qué que qué de qué? - Que donde estabas, borracho del carajo – Oye, no me cambies de tema ahora, ¿Qué de qué que qué de qué que qué de qué de qué?

483.   ¡Voy a amarte! - ¡Como si quieres irte a Júpiter, pero a mí déjame en paz por favor!

484.   -Me mentiste, vuelves a casa otra vez borracho a las tres de la madrugada, cuando me dijiste que te ibas a convertir en un hombre nuevo – Será culpa mía de que al nuevo hombre también le guste la cerveza...

485.   - Mami, mami, en el cole me llaman gordo. - ¡Y a mí, qué! -A tí fruta asquerosa.

486.   - Mami, mami, en el colegio me llaman disco rallado – No pasa nada – No pasa nada, no pasa nada, no pasa nada, no pasa nada.

487.   - Papi, papi, es verdad que a un hombre lo atas en corto a través del estómago – Pues eso parece ser, pues a tí tu madre a mi me ató en corto cuando le empezó a crecer el suyo

488.   - Mami, mami, en el cole me llaman el Chapulín Colorado - Lo sospeché desde un principio.

489. - Mami, mami, el pollito me cayó mal en la comida. - Pues ignóralo y no le hables más.

490. -¿Está tu mama? - No, ahora mismo no está. - ¿Y tu papi? - Dice que él tampoco.

491. - Eustaquio, que sepas que tu mami y yo te hemos encargado a un hermanito... Al día siguiente, - Papi, papi, que ya no va a haber hermanito - ¿Y eso? - Me he cargado con el tirachinas a la cigüeña.

492. - ¿Con qué producto químico evitas embarazos indeseados? Con el nitrato de meterlo

493. Ahora uno en inglés: -Mummy, Mummy, in the school they call meBritney Spears. - Why? Some times I run, some times I hide, some times scared of you...

494. - Mami mami en el cole me llaman gángster -¿Por qué? - A ver bonita, ¿cómo que por qué? Aquí las preguntas las hago sólo yo.

495. - Mami, mami, el abuelo se ha dejado el frento sin poner al borde del precipiiiiiiiiiiiiiiiiiiiiiiiiiiiiiiiiiiiiiiiicio chof.

496. - Mami, mami ¿Qué significa hostilidad? - Mira, como preguntes más te mato, te ha quedado claro espero, pregunta y te ma-to.

497. -¿Los vecinos del quinto son pobres? - No que yo sepa, ¿por qué? - Leonardito se ha tragado un euro y están todos muy preocupados.

498. ¿Por qué en Lepe los leperos se quedan delante del ordenador con los ojitos así cerraditos? El profe de informática les dijo que cerraran las pestañas.

499. - Mami, mami, en el cole me llaman gorda. -¡No les hagas caso, Marrana! - Mariana, mami, por enésima vez, es Mariana.

500. - Mami, mami, en el cole ya no me llaman gangster, ahora en el cole me llaman juez. -¿Por qué -¡Silencio en la sala! Aquí el único que hace preguntas soy yo.

501. - Mami, mami, en el cole dicen que tengo la boca áun más grande. - Bueno, pues ahora trae la retroescavadora, que hoy de nuevo hay sopa.

502. - Mami, mami, en el cole me llaman fantasma -¿Quién dijo eso!? ¡Manifiéstate, espíritu!

503. - Mami, mami en el cole dicen que sólo hago cosas por dinero. -¿Quién? - Si me das un euro te lo digo.

504. - Mami, Mami en el colegio inglés me llaman nariz. - ¿Por qué? -Nose.

505. - Mami, mami en el cole me llaman vago. - ¿Y qué haces? - Nada.

506. - Mami, mami en el cole me llaman Vlad El Empalador. - Pues ya iré yo a hablar con ellos. - Tranquila ya iré yo mañana con las estacas, rodarán cabezas.

507. - Mami, mami, dicen que lo sé todo. - Que te calles Google.

508. - Mami, mami, ¡Huele a cuerno quemado! - Mira a ver si tu padre ha metido la cabeza en el horno.

509. -Mami, mami, en el cole me llaman cabezón – Que dejen de decir tonterías, pero muévete un poco a la derecha que neceitamos sombra en el jardín.

510. - Mami, mami, en el cole me siguen llaman cabezón. - No les hagas caso y ponte bien la carpa de circo, quiero decir, la gorra.

511. - Mami, mami, en el cole me llaman feo – Tú ni caso, pero ahora vuelve a la jaula, Elengendro.

512. - Mami, mami, ahora en el cole me llaman monstruo – Que te vuelvas a la jaula, Elengendro.

513. - Mami, mami, en el cole me llaman cabezón - ¿Y por qué no les sigues y los enfrentas? - Los muy bribones se meten por las calles más estrechas.

514. - Mami, mami, en el cole me llaman vampiro bueno de Crepúsculo -Cállate y tómate la sopa de sangre del banco de

sangre del hospital baja en calorías, que se está coagulando.

515. - Mami, mami, en el cole me llaman ternerito por ser hijo de una vaca -Muuuuurmuuuuuraciones.

516. - Mami, mami, en el cole escriben mal mi nombre – No les hagas caso Sckajglsoteoernkvadreraare.

517. - Mami, mami, en el cole me dejan otra vez sólo - ¿Mami, mami? Otra vez no, Mamiiiiiiiiiiii.

518. - Mami, mami, en el cole me llaman Back Street Boy - ¿Quién? -¡Everyboooooody!

519. - Mami, mami, en el cole me llaman calculadora – No te molestes Casio.

520. - Mami, mami, en el colegio ahora me llaman reloj barato – Que no te molestes Casio.

521. - Mami, mami, ahora en el colegio me llaman baratija japonesa – !Que no hagas Casio, Caso!

522. - Mami, mami, en el cole me llaman Teletubbie – No hagas caso y baja a saludar a la abuela – !Hoa!

523. - Mami, mami, la tía Ana está en el teléfono – Sácala de ahí que debe estar incómoda la pobre.

524. - Mami, mami, gracias por ponerme Elegendro de nombre - ¿Por qué? -Todos me llaman así.

525. - Mami, mami, ¿Qué es paranoica? -¿Crees que no lo sé? ¿Crees que me puedes pillar?

526. - Mami, mami, ¿Cuándo vamos a comer pan de hoy? - Mañana hijito, hoy no, mañana.

527. - Mami, mami, ¿Cuánto cuesta un pote de ketchup? -Pues no mucho. - Mejor porque no veas la que ha liado el bebé con el ketchup y tu vestido de Gucci.

528. - Mami, mami, ¿El abuelo y la abuela son mecánicos? -No – Pues alguien tendrá que sacarlos de debajo del camión.

529. - Mami, mami, papi sigue diciendo que descendemos de los monos. -Él sabrá, nunca tuve interés en conocer a su familia.

530.   - Mami, mami, ¿los peces grandes se comen a los pezqueñines? -Sí -¿Y comen sardinas? -Sí. -¿Y cómo abren la lata sin manos?

531.   - Mami, mami, ¿Has escuchado el disparo? -¿Mami? ¿Mami? Buaaaaaaaaaaaaaaaaaaaaaah

532.   - Mami, mami, ¿La abuela brilla en la oscuridad? -No ¿por qué? - Pues ha metido los dedos en el enchufe y está brillando.

533.   - Mami, mami, ¿Es cierto que los muertos se convierten en polvo? -Sí ¿Por? - Tengo miedo, debajo de la cama hay un montón.

534.   - Mami, mami, ¿Qué es la amnesia? -¿Perdona, quién eres tu?

535.   - Mami, mami, ¿Qué es la amnesia? - ¿Disculpa, qué me preguntaste?

536.   - Mami, mami, ¿Qué es el Alzheimer? - Lo apunté en el...en el...que está en...¿qué me dijiste?

537.   - Mami, mami, ¿tienes memoria fotogénica? -Sí, ¿por? - Jugando a baseball en el baño me he cargado todos los espejos, y a partir de ahora te va a tocar maquillarte de memoria.

538.   - Mami, mami, afuera ahora está nevando. - Pues haz como con lloviendo y que pase también.

539.   - Mami, mami, que viene el camión de basura. -Dile que deje dos bolsas.

540.   - Mami, mami, en el cole me llaman egoísta - Mándalos a Cuenca. -¿Y yo no voy, y yo no voy?

541.   - Mami, mami, en el cole me llaman Chavo del ocho. -¿Te molesta? -Zas, zas, zas.

542.   - Mami, mami, en el cole me llaman ingenua. -Lo que pasa es que tienes pájaros en la cabeza. - ¡Quítamelos, quítamelosssss!

543.   - Mami, mami, en el cole no me llaman (Chiste del afortunado).

544.   Mami, mama, en el cole me llaman bizco. -¡No les hagas caso

y lleva esta cerveza a papá! -¿cuál de las 2? -Sólo hay una cerveza -¿Y de los papás?

545. - Mami, mami, en el cole me llaman cabezón -Tu ni caso, ahora te acercas al supermercado y me traes siete melones. -¿Y dónde los meto? -gorras.

546. - Mami, mami, en el cole me llaman Facebook - ¿Y tu qué haces?. - ¡Les doy un like!

547. - Mami, mami, en el cole me llaman Mc Donald´s -¿Quién? -Mis Mc compañeros de Mc clase.

548. - Mami, mami, en el cole me llaman cabezón. - No te preocupes, en cuanto se les olvide lo del eclipse solar te lo perdonan.

549. - Mami, mami, en el cole me llaman reiterativo. -¿Quién? -Rigoberto, Javi, Javi, Javi, Rigoberto, Rigoberto, Rigoberto, Rigoberto, Javi, Javi, Javi, Rigoberto, Javi, y Javi.

550. -Mama, mama, en el cole me llaman Shakira. -¿Por qué? -Porque esto es Africa.

551. - Mami, mami, están golpeando la puerta. - Ya es mayorcita para que se defienda sola.

552. - Mami, mami, hoy he aprendido a hacer explosivos. -¿Y mañana qué aprenderéis en el cole? -¿Qué cole?

553. - Mami, mami, Me he comprado un perrillo sin patas. -¿Cómo se llama? -Para qué le voy a poner nombre, si le llamo no va a venir.

554. - Mami, mami, ya no me gusta mi hermanito. -! Que te calles y sigas comiendo!

555. - Mami, mami, Eduardín le sacó la lengua al abuelito. - Es chiquitín, no le des importancia. -Pues el abuelo parece dársela, no deja de sangrar por la boca.

556. - Mami, mami, tengo dos noticias, una buena y otra mala. - Primero la buena. - He dejado la droga. - ¿y la mala? - Pues no sé donde. ¿Qué este chiste ya lo he contado? Pues te cuento el

de la amensia.

557.   - Mami, mami, en el cole dicen que soy más despistado que el del chiste del despistado -Ale, otro niño desconocido tocando las narices...

558.   - Mami, mami tengo dos noticias, una buena y una mala. -¿La buena? -Pasé un test - ¿Y la mala? - Era de embarazo.

559.   - Mama,mama en el cole me llaman interesado -Esta vez no te voy a pagar – Pues que sepas que ya no tienes hijo.

560.   - Mami,mami, ¿Por qué papi tiene tan poco pelo en la cabeza? -Es muy inteligente y piensa constanemente en muchas cosas. -Ahora entiendo lo tuyo con esas melenas...

561.   - Mami ¿adivina dónde estoy? -No tengo tiempo para adivinanzas, llama más tarde. -No podré, sólo tengo derecho a una llamada.

562.   - Mami, mami ¿Puedo columpiar a mi abuelito? - No hasta que el señor del CSI acabe con las fotos y lo baje de la soga.

563.   - Mami, mami, ¿por qué todos los niños tenemos dos papás y dos mamás? - Porque eres bizco.

564.   - Mariana, hay una corrida en la tele. - ¿Quieres que la cambie? - Que la cambies, no, que la limpies, que la limpies.

565.   Terapia de pareja tras varios años de matrimonio. Tras preguntar la causa del problema, la mujer suelta una enorme lista de inconvenientes por parte del marido, que si ya no le dice que la quiere, que si no le hace sentir bella ni mujer, que si no le echa piropos, que si no tiene pasión, etc, etc. El terapeuta se levanta, coge a la mujer y le da un beso apasionado que hace que se le suban las pantorrillas al cuello. El marido se queda mirando y dice "¿Y eso?", el terapeuta dice "Ésto es lo que necesita su esposa al menos tres días por semana", a lo que el marido responde "Pues yo te la puedo traer, lunes, miércoles y viernes, pero martes y jueves tengo fútbol.

566. - Estoy muy preocupada, el doctor me dijo que me tomara tres muestras de orina, pero es que ya llevo dos y no sé si podré con la tercera, sabe muy amarga.

567. - Mi esposo y yo somos cada vez más inseparables. -¿Ahora ya andan juntos? -Ahora ya son quince vecinos los necesarios para separarnos cuando nos peleamos.

568. - Mi esposa no es muy lista, se fue y dejó una nota en el frigorífico "Me voy de casa, ésto no funciona", y por más que abro y cierro la puerta no consigo ver donde falla la nevera.

569. - Anoche en sueños, me estabas insultando. - ¿En sueños?

570. Una suegra fue atropellada por un camión en Canarias. Ya saben, dos millones de suegras en España, una menos en Canarias.

571. - Papi papi, no me gusta como me mira mami. - Aparta los ojos a un lado y cómete el resto.

572. - Papi, papi ¡quiero un chorizo! - No, hijo, que pican -Pues los pillo por la cuerdecilla.

573. - Papi, papi, ¿los caballos fuman? -No – Pues corre que se está quemando el establo.

574. - Papi, papi, como me alegro de que me llamaras Jesús. -¿Por qué? -Es un milagro que todos me llamen así.

575. - Papi, papi, ¿cuánto cuesta casarse? - El casarse no mucho, pero tras la boda lo pagas el resto de tu vida.

576. - Papi, papi, ¿de dónde vienen los niños? -A ver cómo te lo cuento, pues una abejita se acerca a la mamá, con una semillita, y luego está lo de la cigüeña, que viene de París...y...y... Bueno, dejémoslo, ya hablaremos cuando sea mayor. - Papi, yo debo ser del butanero, porque tú de sexo ni idea.

577. - Papi, papi, ¿dónde están los Apeninos? - Pregunta a tu madre que es la que guarda todo.

578. - Papi, papi, ¿mami es astronauta? -No, ¿por? - Es que le dijo

al jardinero "no pararé hasta a Marte"

579. - Papi, papi, ¿Por qué mi mami corre haciendo zig zag? - Yo que sé, tú sólo pasame más cartuchos.

580. - Papi, papi, ¿qué es el eco? - Lo único en el mundo capaz de replicar a tu madre.

581. - Papi, papi, ¿Estás casado por lo civil o por la iglesia? -¡Por idiota, hijo, por idiota, huye insensato!

582. - Papi, papi, en el coeio no saen prouciar mi nobre.

583. - Papi, papi, la abuela se está tambaleando – Apunta a la cabeza.

584. - Papi, papi, quiero ir al circo. - No hay dinero, quien que quiera verte que venga a casa.

585. - ¿Cómo puedo hacer feliz a mi mujer? ¿Qué he de aprender? Tan sólo 4 letras, O, B, D, C.

586. - Mami, mami, me ha picado una serpiente - ¿Cobra? -No, pica gratis.

587. Dos abuelitos que hace tiempo que no se ven, uno al otro "No te lo vas a creer, he estado 30 días en la carcel, yo a mis 115 años", el otro pregunta la razón, "pues una jovencita camarera del bar de la residencia de ancianos, para sacarme los cuartos dijo que le había violado, y yo para hacerme el machote pues dije que sí, que la violé tres veces, todo orgulloso de que pensaran que aún se me levanta", y el otro pregunta "¿Y la pena por violar tres veces es de sólo 30 días?" pues no lo sé, esa pena me la pusieron por mentiroso.

588. - Mami, mami ¿Me encontré un billete de 100 euros que alguien había perdido? - ¿Y cómo sabes que era perdido? - Porque una abuelita luego estuvo dos horas por la zona llorando y buscando y buscando, diciendo si alguien había visto su pensión.

589. - ¿Qué harías si me tocara la lotería, amor? - Me quedaría con la mitad de lo tocado, me separaría de ti de inmediato y me

iría de casa. - Perfecto, me han tocado 12 euros, aquí tienes tus 6 euros y ya te puede ir a tomar viento.

590.   - Eustaquio, ¿qué mineral es éste? - Una piedra. - Piedra no es un mineral, basalto, basalto- ¡UNA PIEEEEEEEEEEEEDRAAAAAAA!

591.   - ¡Doctor, doctor, mi esposa está pariendo! - ¿Su primer hijo? - No, soy su esposo, su espooooso.

592.   - Tus conversaciones me recuerdan a las olas del mar -No sabía que te impresionara tanto -Impresionar no impresionas, pero marear....

593.   Se abre el telón, chavalilla saltando a la comba. Se cierra el telón. Se abre de nuevo y la chavalilla aparece muerta con la cuerda liada al cuello, se cierra el telón, ¿título del videojuego? Mortal comba

594.   El matrimonio es tan buen negocio que la mayoría de los contrayentes acaban abriendo franquicias por todo el país.

595.   El abuelo a punto de morir, en el hospital, con todos alrededor pendientes de que muera para firmar los papeles de la herencia, que si el notario, los hijos, el abogado, la esposa, allá esperando el último suspiro del abuelo. Así que el abuelo abre los ojos y dice "Mal nacidos, ladrones, asesinos, buitres, golfa" y vuelve a cerrar los ojos. El Doctor dice "parece que ya le queda poco de vida, está desvariando", a lo que la esposa dice "pues yo creo que va a mejor, nos ha reconocido a todos uno a uno"

596.   ¿Qué diferencia hay entre un chiste y un cuento? Un chiste es lo que estás leyendo, un cuento lo que te cuenta el marido o la esposa cuando llegan de la fiesta de empresa.

597.   - Oye,¿pero no habías tenido sólo un hijo? -No hagas leña del árbol caído, que le han diagnosticado hiperactividad.

598.   - ¿Tú que harías con mi abuelo? No deja de comerse las uñas – Pues haz como hicimos nosotros, que le quitamos esa

manía al abuelo. - ¿Cómo, le atasteis las manos? - No, le escondemos la dentadura postiza.

599. - Recuerdos de Gabriel - Gracias – Recuerdos de Gabriel - Gracias - Recuerdos de Gabriel - Gracias - Recuerdos de Gabriel - ¿Gracias? - Recuerdos de Gabriel – Esto ya cansa - Es que me dio muchos recuerdos para ti.

600. - ¿Me he enterado que te has casado? - No, tú lo has oído, el que me he enterado de verdad he sido yo.

601. - ¿Te enteraste que Miguelito Piltrafas murió en el ring? - No sabía que era boxeador. - No lo es, murió al pulsar el timbre de la puerta.

602. - Dicen que para tus bodas de plata llevas a tu esposa a la India. ¿Cómo piensas contentarla entonces para las de oro? - Yendo a buscarla.

603. - ¿Sabes que murió mi tío de cataratas? - No voy a caer de nuevo en lo de "empujado a las del Niágara" – Oye no es motivo para chiste. - Lo siento, perdona el comentario de mal gusto -Éste fue en las del Salto del Ángel.

604. - Hola Alejandro, ¿Conoces a mi encantadora mujer? Te la presento – No sabía que tuvieras dos.

605. Dos chinos -El otlo día me comple un coche nuevo, nuevo, nuevo, nuevo, mila, es ese de ahí. -¿De qué malca? -Un Alfa -¿Lomeo? -Como Lomees te alanco el pito.

606. - ¿Tú crees en el más allá? - Claro, lo veo cada día, vivo en Gibraltar

607. - He encontrado trabajo - ¿Dónde? - En Santiago - ¿De qué? - De Compostela, de qué va a ser.

608. Dos leperos - ¿por qué caminas con las piernas abiertas? - Tengo el colesterol alto - ¿Y qué tiene que ver con cómo camines? - El Doctor dijo que los huevos ni los tocara.

609. En un funeral -¿Tú sabes con quién se peleó el abuelo? - Pues creo que fue cáncer y no una pelea -¿Entonces por qué pone

"Sepelio" en la puerta?un

610. Trompetista a su vecino "¿escuchaste mi último recital?", el vecino responde "Por fin, a ver si es verdad".

611. Se levanta el telón, hombre intentando salir de la cama sin despertar a la mujer. Se baja el telón. Se levanta el telón y el hombre logra abrir la puerta sin hacer ruido. Se baja el telón. Se abre el telón y el hombre llega a la cocina, abre sin hacer ruido el armario de las golosinas y logra comerse un toblerone entero. Se cierra el telón. Se abre el telón y el hombre se ve en la tele viendo un partido de la NBA. Se cierra el telón. Se abre el telón y el hombre ha conseguido llamar a cuatro colegas y están jugando a la Play. Se baja el telón. Se abre el telón y los amigos abandonan la casa, llevándose con ellos las cajas de pizzas, las 300 latas de cerveza, y las sustancias más tóxicas, dejando la casa impoluta. Se baja el telón. Se abre el telón y el hombre abre la puerta de la habitación sin despertar a su mujer todo y haberse tirado un puesco por el que han temblado las paredes. Se cierra el telón. Se abre el telón y se mete en la cama, donde consigue no despertar a la mujer y plácidamente duerme las dos horitas que le pide el cuerpo. Se cierra el telón. ¿Título del programa? Operación triunfo.

612. - Si tienes quince porros y alguien te pide tres, ¿cuantos porros te quedan? -Pues quince. - Así se hace, el que quiera su droga que se la compre. (Recordad, las drogas son malas, por si no queda claro).

613. Tengo muy mala suerte, siempre llevo a mi esposa a todas partes, pero es que ella siempre encuentra el camino de vuelta a casa.

614. - Hola, mi hijito no podrá ir a el cole hoy por qué está muy enfermo. -¿Conn quién hablo? - Con quién va a ser, pues con mi papi.

615. Dos montañistas observando las estrellas, "Pepe, mira hacia

arriba y dime que es lo que ves", "Pues que hace un día perfecto en el que se ven todas las estrellas", "¿Y qué más?", "Pues que deben de ser aproximadamente las cinco de la mañana teniendo en cuenta la posición de las mismas y dónde estamos", "¿Y qué más?", "Pues que somos una pequeñez dentro del universo, un puntito insignificante dentro de la magnificencia del Universo", "¿Y qué más?", "¿Qué dios debe de existir para haber creado algo tan bello?", "¿Y nada más?", "No te sigo, no sé qué quieres que te diga", "Pues que me digas por qué nos han robado la tienda de campaña y no nos hemos dado ni cuenta"

616. Hay ciertas teorías acerca de la cosa más rápida en el mundo, unos dicen que es el rayo, porque antes de que llegues a verlo en el cielo, cuando ya te ha tocado, te ha matado, otras dicen que es la electricidad, pues le das al interruptor, y antes de escuchar clic ya tienes la luz encendida, pero sin duda alguna, la cosa más rápida del mundo es la diarrea, que como te pille, ya puedes volver a casa como un rayo, que antes de que te de tiempo de encender la luz ya te has cagado encima.

617. Tres borrachos llegando a la estación del tren, cuando el tren va a partir y empiezan a correr los tres hacia el tren, rápidamente el personal de la estación logra meter a empujones a dos de los tres borrachos, pero el tercero de lo borracho que iba entra por una puerta y sale por la otra...El tren sale y el borracho llora desconsoladamente. "¿Lloras por perder el tren?" pregunta el jefe de la estación. "Lloro porque el que venía a pillar el tren era yo, mis amigos sólo habían venido a despedirme".

618. Tres abuelitas con Alzheimer en la residencia, la primera iba a tomarse un baño, cuando desnuda la pobre empieza a dudar de si entrar o salir al no recordar si iba a empezar o a acabar su baño. Trata de pedir ayuda a su amiga y ésta sube por las

escaleras, cuando se para a mitad del camino y piensa "Iba yo subiendo o bajando las escaleras". En esto que ve el número la tercera abuelita, y dice "Menos mal que yo no tengo esos problemas de memoria, toco madera", dando tres toques a la mesa, en esto que dice "Ahora voy a ver qué os pasa, que creo que alguien ha llamado a la puerta".

619. Tres hijos con gran éxito en la vida se vanaglorian de lo que hicieron por su madre. El primero dice "Pues yo le compré una mansión a mamá para que pudiera moverse cada día por una zona distinta de su propia casa", el segundo dice "Pues yo le compre un Mercedes AMG de los más caros, acelera de 0 a 1000 en un tris trás", finalmente el tercero dice "Nada comparado con lo mío, a mamá le gusta la biblia, y para que pudiera escucharla, he estado entrenando un loro durante 12 años, con 20 monjes benedictinos que le han estado recitando la biblia constantemente hasta que se la aprendió de memoria, cada mes he tenido que contribuir con un millón de euros a la orden benedictina por tener al loro entrenado". El día del fallecimiento todos apenados abren las últimas voluntades de la señora, indicando esta "Juanito, me hiciste desvanecer de cansancio, tanto andar por la casa, yo con una habitación hubiera tenido una vida más tranquila. Pepito, intenté ir al hospital en el coche que me regalaste del agotamiento que tuve de andar por casa, pero del susto del acelerón me provocó un ataque al corazón del que probablemente no me he recuperado si estáis leyendo estas letras. Finalmente, Eustaquio, tú sí que sabías lo que me gustaba, yo mujer de gustos sencillos, y conseguiste regalarme algo que me llenó, al menos el estómago, pues madre mía que bueno estaba el pollito".

620. - Oye Clementino ¿te gustaría ver a una moza siéndo infiel a su esposo? - Pues sí, Rigoberto, sí me gustaría. - Pues bien,

hoy llega a tu casa a las siete en lugar de a las nueve, que nunca nos pillas.

621.   - No veas si cuanto loco sueltos por la calle. - A mí no me pueden hacer nada, como soy invisible.

622.   Señor que se encuentra una lámpara maravillosa y el genio le dice que le puede conceder un deseo, a lo que el señor, pacifista y bondadoso, aunque todo hay que decirlo, algo feo, pide paz en Oriente Medio. El genio le indica "Estoy desentrenado, he estado mucho tiempo en la lámpara, y lo que me pides es muy difícil, si llevan miles de años en guerra y no se ha conseguido la paz, la verdad que lo veo casi imposible solventar el tema de Oriente Medio, mejor pide otro deseo", a lo que el señor dice, "Bueno, concédeme algo más sencillo, tan sólo quiero a una mujer que conserve su juventud, sea bondadosa y cariñosa, le guste el sexo y siempre fiel, no celosa , que se encargue de las tareas del hogar, y que no sea materialista". Entonces el genio le dice, "A ver, sácame el Google Maps, que miremos dónde empieza y acaba el Oriente Medio"

623.   - ¡Pero mira como vienes, apestando a alcohol y sin equilibrio! ¿pero tú has visto que hora es? Son las cinco de la mañana, no he dormido nada esperándote – No te quejes tanto que yo tampoco he dormido todavía.

624.   El mismo borracho llegando tarde al día siguiente- ¿Y se puede saber de dónde viene Paco? - ¿De dónde viene Paco? ¿Qué de dónde viene Paco? Pues de dónde va a venir, de Francisco.

625.   Uno muy tacaño muy tacaño rebuscando en una alcantarilla, el amigo que llega: "Pero qué haces con suciedad hasta el codo", "Es que se me ha caído una moneda de 10 céntimos", "pero dónde vas si con una moneda de 10 céntimos no se va a ningún lado", "pues por eso, por eso, tiene que estar aquí

mismito".

626.   - Papi, papi, que sepas que me gustan las chicas - ¿Ya tienes novia? - Creo que no me has entendido, las po**as chicas, que las grandes me hacen daño por detrás.

627.   - Mami, mami, en el cole me llaman calculadora. -Deja de quejarte Casiomodo

628.   - Papiiiiiiiiii, mamiiiiiiiiiiiiiiiiiiii, que me mareeeeeeeeeeo – ¿Y qué podemos hacer nosotros? - ¿Qué tal si apagáis la lavadora?

629.   - Ha recibido usted una carta en blanco, soldado. - Es de mi esposa, mi sargento. - ¿y cómo lo sabe Usted si está en blanco, soldado? - Porque se enfadó y ya no nos hablamos, mi sargento.

630.   - Mami, mami, en el cole me llaman Pacomer – Qué detallistas que te inviten a la comida -Creo que no lo has entendido.

631.   Eustaquio y su abuela de paseo. Eustaquio coge una botella del suelo y su abuela le dice "Eustaquio, las cosas del suelo nunca se cogen", Eustaquio la deja, al cabo de un rato ve una bolsa de plástico y la coge, la abuela de nuevo "Eustaquio, las cosas del suelo nunca se cogen" y Eustaquio la deja, siguen caminando hasta que la abuela tiene la mala suerte de resbalar con una cáscara de plátano cayendo de culo e incapaz de levantarse, pidiendo ayuda a Eustaquio para volver a ponerse de pie, Eustaquio le dice "Abuelita, las cosas del suelo nunca se cogen"

632.   Lista de tareas de una madre a un hijo: Fregar el suelo con lejía, hacer tostadas con mantequilla para el desayuno, poner el pavo en el horno, y meter al bebé en la cama. Al llegar la madre a la casa, Eustaquio le recibe con sus tostadas, la madre muerde una y dice "Dios mío, esto sabe a lejía", al entrar en la casa se resbala con el suelo lleno de mantequilla cayendo de

espalda y empieza a gritar: "Qué dolor, qué dolor" a lo que Eustaquio responde "Mami, silencio, que vas a despertar al pavo que tengo en la cama".

633. Paseando una familia feliz, papi, mami y la niña. La mami a la niña-¿Quién es la persona que yo más quiero en el mundo? . La niña responde: "Pues ayer le dijste al jefe de papá que a él"

634. La profesora a los alumnos, mañana viene el Director del Colegio, quiero causar buena impresion por lo que tendréis que seguir ciertas normas, cuando salga del coche gritaréis "Bieeeeen", cuando esté en las escaleras diréis "Otra vez, Otra vez" y al entrar a clase "El Señor director!". Al llegar, nada más bajar del coche se tropieza con una cáscara de plátano que había abandonado Eustaquio y gritan todos los niños "Bieeeeeeeen", al llegar a las escaleras, otra máldita cáscara de plátano de Eustaquio, y mientras cae rodando por las escaleras, todos los niños coreando "Otra vez, otra vez". Al llegar a clase, Eustaquio se tira un sonoro pedo, y el Director pregunta "¿Quién ha sido?" Respondiendo al unísono todos los niños "Señor Director, Señor Director".

635. Eustaquio con su primera bici: - Mamá, mamá, mira, sin una manoooooooooooo. Al cabo de un rato.... -Mamá mamá, sin un pieeeeeee. Al cabo de otro rato... - Mamá, mamá sin las dos manosssssssssss....Al día siguiente en el hospital: -Mamá, mamá ¿Sin dientes?

636. - A mí mi abuelito me quería mucho, me dedicó sus últimas palabras. -¿Cuáles fueron? - No metas la tostadoraaaaaaaaaa en la bañeraaaaaaaaaaaaaaaaaaaaaaaaaaaaaaaaa.

637. - Papi, papi, ¿Es mejor casarse por lo civil o por la iglesia – Ninguna de las opciones, es válida, uno se casa o por estúpido o por lo criminal.

638. Un piloto de Fórmula 1 mostrando la capacidad de frenado del nuevo coche de su empresa. Pilotando junto a un

periodista se dispone a probar los frenos. Le indica al periodista, "ves al fondo aquel papel en el suelo?" Acelera a lo bestia y cuando está a menos de 20 metros del papel, frenazo al canto y se queda a 2 milímetros del papel, sin ni siquiera dejarle marca de rueda. Entonces da marcha atrás, hace un trompo y le indica " ¿ves la pared del fondo?" Acelera de manera brusca y potente, coge los 300 km por hora y cuando le faltan 10 metros para llegar a la pared y el periodista ya estaba pegando gritos, pega un frenazo y se queda a 5 milímetros del muro. El periodista le dice "basta, basta, vamos a un lugar sin muros". Deciden sacar el coche último modelo a la carretera, una carretera de montaña, donde el piloto muestra sus cualidades en cada curva, al fondo se ve un precipicio cuando dice el piloto "Los frenos no van, los frenos no van", acercándose cada vez más al precipicio, el periodista santiguándose, cuando el piloto frena bruscamente y dice "Los frenos de nuestra marca nunca fallan, era broma" quedándose a 1 milímetro del precipicio. Mientras dan marcha atrás el periodista dice, "¿Podemos volver donde el papel?", el piloto dice "¿Quieres que repitamos las pruebas?" A lo que el periodista responde "De ninguna manera, pero me he cagado".

639. Un lepero a otro: -Mira, mi primo Arrabastio, el de la ciudad, me ha enviado este reloj de la ciudad, da la hora, los minutos, la fecha, los segundos, las centésimas del segundo, tiene bluetooh, barómetro, alarma, luz, hora mundial... -¿Y ya sabes usarlo todo, suena muy complicado? -Bueno, he conseguido hacerlo funcionar casi todo, pero mi primo me dijo que me podía bañar con él, y por más que busco no le encuentro el grifo del agua al reloj.

640. El empresario cárnico al hijo: -Mira, esta es la trituradora para chorizos, por este agujero de aquí tú puedes meter a un burro

si quieres, que por el agujerito del fondo, saldrá un chorizo perfecto. -Entonces sí meto por el agujero pequeño miles de chorizos, ¿saldrá por el agujero grande un burro? -No, te lo explico otra vez, aquí por la puerta del agujero grande puedes meter si quieres un burro grande, la máquina lo procesa, y al final, por el tubo del final, salen los chorizos perfectos. -Ah, entiendo, entonces metiendo chorizo por el agujero pequeño logro sacar un burro por la puerta grande. -Mira Eustaquio, dejalo, es imposible, el único agujero que conozco por el que metiendo un chorizo acaba saliendo un burro es el de tu madre.

641. - Cuando me muera, quiero que te cases con el Ermenegildo. - ¿Cómo me pides eso, si es tu peor enemigo? - Por eso mismo, qué se aguante.

642. Reunión de directivos del IBEX35, en esto que suena un teléfono al fondo y el más joven de ellos lo coge, manteniendo una conversación: "Hola cariño, ¿ya has acabado la reunión?¿Recuerdas el reloj de Cartier de oro que vimos en Venecia, lo he visto aquí en la tienda y me preguntaba si podíamos comprarlo, son 15.000 euros", secamente el directivo responde "No te preocupes, compra", la mujer continúa "¿Y he pasado por el concesionario, y me han indicado que si renovamos el Audi a4 del año pasado por el último modelo del Q8 con todos los extras nos lo deja en 100.000, precio de amigo", a lo que otra vez secamente responde "No te preocupes, compra", la mujer viendo que es su día de suerte decide tentar la suerte: "¿Recuerda la mansión de 12 habitaciones en la isla privada que nos dejaban a tres millones de euros, pensamos que era una locura, pero igual ahora podríamos repensarlo y comprar", el joven directivo responde "No te preocupes, compra". Cuelga la llamada, todos los directivos asombrados con la capacidad de

manejar la situación, satisfacer a su mujer y no dudar ni en segundo en gastar millones de euros, un hombre bien capacitado para el IBEX35. Entonces el joven directivo levanta el móvil, mostrándolo a todos los asistentes y dice: "¿Ha perdido alguien este teléfono?"

643. - Hijo, eres un vago, en lugar de leer libros, te he pillado leyendo el horóscopo del diario. - Pero mamá, si fuiste tú la que me dijiste que me preocupara de mi futuro.

644. El nini en casa a sus 35 años. -Mamá, mamá, he tenido un sueño horripilante, resulta que estaba en casa y ésta se empezaba a llenar de sal, estaba nevando sal dentro de la casa hasta que no podía ya estar en ella y para no ahogarme en sal decido salir por la ventana con la boca abierta para poder respirar, entonces aparezco de bebé en tu seno, mientras tú me amantas. - No te preocupes, a veces la vida nos manda señales sobre qué hacer con la misma, pero algunas son muy difíciles de interpretar en los sueños. - ¿Y este sueño qué querrá decir? -Pues yo lo veo bien claro, !Sal de casa, mamón!

645. - Mamá, mamá, ¿Qué hora es cuando el reloj da una campanada? -La una. - ¿Y cuando da ocho campanadas, que hora es? - Las ocho. - ¿Y cuando da doce campanadas, qué hora es? - Las doce. - ¿Y cuando da dieciocho campanadas? - Hora de cambiar de reloj o de arreglarlo.

646. - Papi, papi, ¿cuánto cuesta casarse? - Normalmente mucho menos que divorciarse.

647. - Papi, papi, ¿me compras una enciclopedia? -Tú taz loco o qé, tú bah andando como tu ermanoz.

648. - Me he comprado un champú anticaída - ¿Funciona? - No creo, sigo resbalándome en la ducha.

649. -Entrenador, ¿Qué máquina debo usar para poder impresionar a una chica de 30 años? - Pues por tus pintas, edad, y olor corporal....yo empezaría con el cajero automático.

650. - ¡Me voy de caza! - Paco, que no llevas la escopeta - No zeaz azí, y no me cambiez de tema, me voy de caza para ziempre.

651. -Me gustaría comprar una Barbie para mi hijita. ¿Qué modelos tienes? - Tenemos la Barbie enfermera que cuesta 25 euros y luego está la Barbie con niño recién divorciada, que cuesta mil euros. -¿Y por qué es tan cara la madre recién divorciada? - Pues son dos, la Barbie y el bebé, y además del pack madre, bebé viene con otros complementos como el coche de Ken, la casa de Ken, el perro de Ken, la moto de Ken, las joyas de Ken, los ahorros de Ken...

652. -Te quiero tanto...No te lo puedes ni imaginar, la verdad que no sé cómo habría podido sobrevivir todos estos años sin tenerte a mi lado. - Manolo, ¿Hablas tú o es el whiskey el que habla? - Soy yo el que le estoy hablando al whiskey.

653. - Mi esposa sigue con suuna dieta de tres semanas. - ¿Cuánto ha perdido? - De momento quince días.

654. - No sé qué me pasa, pero estoy perdiendo cada vez más memoria, debe ser la edad. - A mí, me pasaba lo mismo, y fui a un Doctor muy bueno que cortó el problema de raíz, no recuerdo haber tenido más problemas de memoria - ¿En serio, y me podrías dar el nombre del Doctor? - Sí claro, ¿Cómo se llama el sitio ese de los milagros? - ¿Fátima? - No, ese no, el otro, que no me acuerdo. - ¿Lourdes? -Ese, ese, un momento que llamo a mi mujer. Lourdesssssssssssssssssssss ¿Dónde dejamos apuntado el nombre del Doctor ese para mis problemas de memoria?

655. En el aeropuerto, el marido guasón a su mujer que se va de viaje de negocios con las compañeras de trabajo a París, le dice en tono burlesco y gritando: "Buen viaje mi vida, y no te olvides de traerme una francesita bien rubita, ja ja ja". Ella avergonzada y colorada se marcha con todas las compañeras de empresa avergonzadas de la situación. Al volver al bajar del

avión el marido vuelve a ver que están las compañeras de trabajo y vuelve a tratar de realizar su broma "Mi vida, ¿me traíste la francesita bien rubita?" a lo que la mujer le responde "Tendrás que esperar unos nueve meses por tu francesita, pero igual te sale bien negrita".

656.

657. El individuo de las Barbies del chiste anterior, ahora ve que han subido el precio de la Barbie divorciada con bebé a 1015 euros, y pregunta, "¿cómo que han subido el precio quince euros?" a lo que la dependiente responde: "Es que todavía no se había desvelado que también incluye al ex mejor amigo de Ken".

658. -Jefe, quisiera solicitar un aumento de sueldo, desde que me he casado mis gastos se han incrementado. -No va a ser posible, el seguro de la empresa no cubre accidentes que pasan fuera del lugar del trabajo.

659. - Señor agente, deseo hablar con el chorizo que entró ayer a desvalijarme la caja fuerte de mi habitacíon. -¿Y eso? - Deseo saber como diablos lo hizo para no despertar a mi señora.

660. - Doctor, creo que mi mujer se está quedando sorda. - Primero debemos de saber cuánto de sorda, una prueba que puedes hacer es irla llamando a medida que te vas acercando para así por la distancia saber la gravedad del problema. - Al llegar al garaje le dice a su gato "Ale, vamos a ver qué nos ha preparado de cenar la sorda degenerada esta". Al llegar a la puerta del garaje dice "Mariaaaaaaaana", se queda esperando y no escucha respuesta... Decide entrar a casa, otra vez desde la puerta de la casa "Mariaaaaaaaaaaaaaaaaaana", vuelve a escuchar y sigue sin escuchar respuesta. Se acerca al a puerta de la cocina y ve a su mujer de espaldas cocinando y dice "Mariaaaaaaaaaaaaaaaaana" y no escucha respuesta, por lo que se acerca y le pega un grito al oído

"Mariiiiiiiiiiiiiiiiiiiiiiiiiiiiia" a lo que María responde "Qué demonios quieres, te llevo diciendo desde que llegaste al garaje que estaba haciendo la cena, y que sorda degenerada lo será tu santa madre, huevón".

661. Un señor en el chasis, prácticamente en las últimas, sabiendo que su suegra le ha ido envenenando poco a poco poniéndole cosas malas en el café, acude al médico a qué le hagan un análisis explicando que ha encontrado el veneno y le pregunta: -Doctor tengo cura. A lo que el médico responde: -Por supuesto que sí, en toda iglesia tienen a uno.

662. - Estoy desesperado, mi esposa no hace más que pedirme dinero, que si doscientos un día, cuatrocientos otro, la semana pasada ochocientos, pero es que ya me pide más de mil. - ¿Y en qué se gasta tu mujer todo ese dinero? - Pues ni idea, nunca he acabado dándole un euro.

663. Un jubilado sale de una tienda donde había entrado a realizar un recado rápido y en la que estuvo no más de cinco minutos, al salir en la puerta se encuentra a un guardia de los controladores de la hora poniendo una multa al coche que estaba justo enfrente de la tienda, en una zona donde se permitía aparcar quince minutos gratis. -Señor, usted no puede poner esta multa, el coche no lleva aquí ni 5 minutos. -Mire anciano, no me toque las narices que le pongo que lleva más tiempo. -Pero señor, que le indico que no ha estado aquí el coche ni cinco minuto. - Pues mire por listo le pongo que el coche lleva aquí una hora. - Pero señor, que el coche este no lleva más de cinco minutos. - Pues por pesado ahora le pongo que lleva el coche aquí todo el día. - Pero señor, que le indico que el coche no lleva más de cinco minutos. - Pues ale, ahora ya por plasta le pongo que lleva aquí una semana, se va a quedar sin pensión. - Pues no estoy de acuerdo, tendrá que llamar a la policía por lo que está haciendo. - Usted ¿A quién

creen que van a creer, a un controlador de la hora que mi palabra tiene valor legal o a un viejo roñoso como usted?.
-Sigo sin estar de acuerdo, aquí me quedo hasta que llegue la policía. La policía llega y el controlador de la hora dice: - Hay que multar y si es necesario llevar detenido a este señor, su coche lleva aquí desde la semana pasada, se está resistiendo e incluso me ha amenazado de muerte. El policía indica "pues su palabra tiene presunción de veracidad, por lo que habrá que detener y multar a este señor". En esto que llega otro señor y pregunta qué pasa al ver a la policía, a lo que el controlador de la hora dice: "empiezo a estar harto, usted no pinta aquí un mojón, el dueño de este coche es un inútil, que lleva con el coche aquí una semana y ahora le van a enchironar por gilipichis", a lo que el señor recién llegado dice "¿está usted seguro?" a lo que el controlador de la hora dice "Por supuesto que lo estoy, el dueño del coche a la cárcel por imbécil, ¿usted quién se cree que es?" a lo que el señor responde "pues resulta que soy el dueño del coche, resulta también que soy el Juez del Juzgado a donde va a acabar yendo el caso que usted acaba de escalar a la policía, y también resulta que el coche lleva aquí exactamente nueve minutos,en una emergencia judicial". El controlador de la hora se lo hace en los pantalones ante la que le va a caer, y entonces el jubilado dice "Con su permiso, me tengo que ir, ese es mi autobús, yo no tengo coche".

664. El ladrón de bancos de un chiste anterior, aún más nervioso al coincidir después de que lo pillaran la vez pasada con el mismo rehén, éste se ha casado de nuevo, y maldita la suerte, otra vez están los tres en el banco. Así que el ladrón le pregunta al rehén "Me vas a decir otra vez que tú no viste nada pero tu mujer y tu suegra sí", a lo que responde "No, no, a mi mujer me la quiero mucho, y puedo poner la mano en el

fuego a que ella, como yo, no ha visto nada, pero que sepa que mi suegra le ha estado grabando con el móvil".

665. - Cómo mola tu tatuaje – Pues sí, me lo hice hace treinta años cuando hice la mili – ¿Y no se te va si le das con jabón?- Pues ni idea, nunca lo he probado.

666. En el hospital, el Doctor al marido, con la mujer gravemente enferma - La verdad es que no me gusta nada el aspecto que tiene su esposa. - Toma, ni a mí, pero es que no sabes la pasta que tiene su padre.

667. - ¿A ver Rigoberto, qué haces llegando a casa a las seis de la mañana y medio borracho? - A mí, no me culpes si se me ha acabado el dinero en media fiesta.

668. El chico cabezón de los chistes anteriores: - Mami, mami, me pica la cabeza. -¿Me pasas las coordenadas GPS para rascarte?

669. Un chavalín entra pegando gritos en una cafetería - ¡Quiero ensaimadas, quiero ensaimadas! El vendedor responde: - Oye, que no soy sordo, no hace falta que grites, ¿qué caramelos dices qué quieres?

670. El hijo viene llorando porque la vecina le ha pegado, la madre pide explicaciones: - ¿Por qué le has pegado a Eustaquio? - Por maleducado, me ha llamado gorda - ¿Acaso crees que pegando a un niño vas a adelgazar, osobuco?

671. - Mami, mami, que la cabra se ha caído al pozo. - Pues echale paja para comer, que de agua ya va servida.

672. - Mami, mami, ¿qué tienes en la barriga? - Un bebé. - ¿Y es dulce? -Muchísimo, va a ser el niño más dulce del mundo. - ¿Y por eso te lo comiste?

673. - Yo le voy a pedir un futbolín a los reyes magos, - ¿Tú que les vas a pedir Eustaquio? - Yo les voy a pedir un tampax. - ¿Y eso que es? - Pues no tengo ni idea, pero en la tele dicen que con él puedes ir a caballo, salir en bicicleta, ir a la playa todos los dias, de fiesta y hacer todo, todo, todo lo que quieras sin que

nadie se de cuenta.

674. - Mamá, mamá, ¿por qué soy bizco? - Porque tienes un ojo tan bonito que el otro no puede dejar de mirarlo.

675. - Mami, mami, ¿cómo llegó el bebé a tu barriguita? - Me lo regaló tu papi... - Papi, papi, entre tú y yo, pero no le des más bebés a mamá, que empiezo a sospechar que se los está comiendo.

676. - Mami, mami, en el cole no me hacen nada de caso. -¿A qué hora dices que empieza?

677. En un país de esos donde lamentablemente no tienen ni para comer, ni para electricidad, ni piara ingredientes... - Mami, mami, ¿qué hay para comer hoy? - Pues como no comamos revolución, otra cosa no hay – Mami, mami, yo no entiendo de política, ¿Qué hay para comer? -Nada, nada. - ¿Y si nos comemos al loro con arroz? - Lo siento, este país es tan pobre que no hay ni para arroz. - ¿Y si lo hacemos al horno? - Este país es tan pobre que no hay para gas. - ¿Y en el horno eléctrico? - Tampoco hay para electricidad. - ¿Y si lo freímos aunque sea al sol? - Tampoco tenemos para aceíte...A todo esto que el loro ya se harta y dice: "!Viva la Revolusión, arriba el Comandante!"

678. -Mami, mami, en el cole me llaman friki. -¿Y tú que les haces? - Los creo en los SIMS y los mato.

679. - Hijo mío ¿Qué haces hablando con tus deportivas? - Yo que sé, en la caja pone "Converse".

680. - Eustaquio, ¿Qué letra es ésta? La B de burro. - ¿Estas seguro que es la B de burro? - Sí, casi seguro. - ¿Estás seguro que es la B, y que burro va con B? - Pues ahora ya me estás haciendo hasta dudar, papi. - Pues que sepas que mañana voy a ir al colegio, y como no sea la B de Burro y que burro no vaya con B, estás castigado.

681. El profe de inglés: - Eustaquio, ¿Qué significa "open the

window"? - Algo de ordenadores, ¿no? -No, significa "abrir la ventana", ¿si ahora te digo "close the window"? -Ahora sí algo de ordenadores, ¿no? -No, esta vez es "cierra la ventana". -Veo que no tienes mucho nivel, bajaremos el listón, Eustaquio ¿qué significa "Hello"? -Ahora sí que no caigo, !Ventana!

682. El marido borracho que llega a casa a las 3 de la mañana y justo cuando está entrando escucha al reloj de pared dando tres campanadas, para disimular y que su mujer no sepa que es tan tarde se le ocurre la genial idea de simular el sonido de las otras 9 campanadas para que piense que son las 12 de la noche. Al día siguiente la mujer le dice: "Anastasio creo que va a tener que ser hora de cambiar el reloj" a lo que el marido responde "Y eso, si da la hora correctamente, yo ayer llegué a las doce, y doce campanadas que dio". - Sí, sí, si las doce campanadas las escuche, las tres primeras sonaron normal, luego tuvo una pausa, de repente las cuatro siguientes las dio con un ligero carraspeo, antes de dar la siguiente tosió tres veces, de repente dio otras tres campanadas, se paró y se tiró un pedo, dio las últimas campanadas, y finalmente al acabar se descojonó de risa. -Bueno, tampoco es para tanto, será su modo de dar la hora. - Vale, aceptaremos que sea su hora, pero lo de que vaya vomitando por el pasillo y luego mee en el macetero, eso sí que ya no se lo consiento.

683. - !Maldito tabaco que se te ha llevado, maldito tabaco que te ha matado, maldito tabaco que te alejó de mí! - Señora, que a su marido lo ha atropellado un camión – Sí, !pero porque lo envié al estanco a que me trajera tabaco!

684. - Ey, vecino ¿Por qué abres las ventanas y abres las cortinas cuando tu mujer toma sus leccinoes de canto? - Para que nadie piense que la estoy asesinando.

685. - Abuelita, abuelita, ¿Vais a venir a verme el abuelito y tú? - Sí, pero no sabemos donde vives ahora, tendrás que decirnos

como llegar. - Es muy fácil, llegas a nuestra calle, al número 56 y abres la puerta con el codo, una vez en el ascensor pillas el ascensor y marcas con el codo el segundo primera, finalmente cuando llegues a la puerta tocas el timbre con el codo y yo te abro. -¿Y por qué con el codo? - No irás a ir a visitar a tu nieto con las manos vacías, !so tacaña!

686. - Yo siempre tengo la última palara cuando discuto con mi señora - ¿De verdad? - Si y estas son: "Lo que tú desees, amor".

687. Una chica esperando el autobús, con un traje muy muy ajustado, mostrando una revista de las que sólo salían en las revistas de los noventa, enfrente una pareja observando la escena. La chica sube de manera sexy al autobús, con todos los hombres del autobús babeando y haciendo la ola, la esposa del señor dice: "No te parece obsceno como han mirado todos esos hombres a la chica del vestido ajustado al subir al autobús" a lo que el marido responde "Ah, ¿hubo un autobús?"

688. Dos condenados a cadena perpetua en la cárcel - ¿Y tú estás casado? - Ni loco, nunca en mi vida haría algo que me hiciera perder la libertad.

689. - Idelfonso, el reloj de pared se ha caído esta noche y un poco más y me rompe la crisma, si no es porque me moví un segundo antes me da de pleno y me descalabra. -Ataulfa, ya te dije que había que cambiarlo, !ese reloj siempre retrasándose!

690. - Permitidme hacer un brindis, pero antes vamos a hacer una cosa, aquí a la derecha poneos todos los amigos y amigas del novio. A la izquierda poneos todos los amigos y amigas de la novia. ¿Estáis ya? Vale, pues ahora a la fruta calle, que esto es una comunión.

691. El padre haciéndole un tercer grado al novio de la hija, sorprendido por las cualidades y calidad de las respuestas del

futuro yerno. Al acabar la entrevista decide reunirse con su hija. - Hija mía, este chico vale mucho, es excelente, increíble, merece una mujer excelente. - Gracias papá – De gracias nada, vamos a empezar el plan para casarte con él antes de que la encuentre.

692.   - Doctor, doctor, mi hijo se ha tragado el sacacorchos durante la cena - ¿Y qué hicieron? - Abrir la botella con un cuchillo, ¿por?

693.   - Mami, mami, ¿por qué las novias visten de blanco? - Porque es el día más feliz de su vida - Entonces mami, ¿por qué la raíz cuadrada de 25 es 5?...¿O esperabas que preguntara por qué el novio va de negro?

694.   - Desabrocha mi blusa con mucho cuidado y la pones sobre la silla. - Sí, cariño – Ahora el sujetador, con cuidado de no romperlo y ponlo sobre la cama. - Como desees cariño. – Ahora mi minifalda y la dejas sobre la silla – Como desees, amor – Ahora mis medias sin hacerle carreras, te las quitas y las dejas en la cajonera– Hecho, ¿Cómo sigo? - Ahora coge la libreta y escribe mil veces "No volveré a ponerme la ropa de mi mujer".

695.   - Doctor, ahora que mi marido está aún con la anestesia, ¿Qué hay que hacer para que salga adelante? - Pues lleva una vida muy estresante, lo que necesita es amor, felicidad y tranquilidad, que te levantaras cada mañana y le prepararas el desayuno para darle los buenos días, que lo llevaras a pasear por el parque acompañados de la mano, que tuviérais cada día una comida en harmonía mientras él ve en la tele lo que le plazca, que no lo agobiaras con tareas del hogar, pues no se puede estresar, que lo relajaras y satisfacieras por la noche, dándole tu amor, tu cariño, tu mejor sexo, que lo dejaras hacer la vida que quisiera y le apeteciera, aunque fuera irse con los amigos, todo ello contribuiría a que se desestresara y

saliera adelante... Al cabo de unos días en el hospital, cuando el marido ya está en casa le pregunta a su esposa: "Cariño, dime la verdad, ¿qué te dijo el Doctor mientras dormía?" A lo que la mujer responde "No te mentiré....te vas a morir".

696. - Doctor, doctor, ¿qué puedo hacer para que mi marido esté como un toro? - Pues ponte ahí en la camilla y quítate la ropa, que vamos a empezar por los cuernos.

697. El impaciente tras la segunda cita - ¿Tú y yo qué somos? - Pronombres, somos pronombres.

698.

699. El hombre que se ha despertado de buen humor y está preparando su desayuno favorito, un desayuno compuesto entre otras cosas por huevos fritos, cuando la mujer llega "Cuidado, cuidado, cuidado, ¿Dónde vas? Pero pon más aceite, más aceite, que se te pegaaaaaaaan, que se te pegaaaaaan, pero como pones ya el segundo huevo, pero por qué has metido el segundo huevooooooo, pero echa más aceite, más aceiteeeeeeeeee que se te pegaaaaaaan, que se te pegaaaaaaaaaan, si es que no me escuchas nunca, no me escuchas nuncaaaaaaaa, pero qué haces, qué hacesssss, dale la vuelta, dale la vuelta...y dónde vas con la sal, que se te olvida, ponle sal, ponle saaaaaaaaaaal" El hombre hecho una furia le dice: "¿pero se puede saber que te pasa a tí esta mañana?" a lo que ella responde "Probablemente lo mismo que a ti te pasa cuando yo soy la que conduzco"

700. - Cariño, cariño, creo que es momento que nos demos espacio y tiempo.... - ¿Espacio y tiempo? Perfecto, te doy diez minutos para que cojas tu nave espacial y te vayas a tomar por...

701. - Cariño, ¿dónde dejaste el libro que compraste sobre como vivir más de cien años? - Lo puse en una caja fuerte, sólo de pensar que lo pudiera encontrar tu madre tiemblo.

702. -Idelfonso qué haces con esa raya, me dijiste que no te

drogarías más. - Si no me estoy drogando más, es el medio pollo de cada día.

703. - Señora, su bebé tiene malnutrición, ¿Lo están alimentando con leche materna o artificial? - Leche materna Doctor. -Pues no sé que estará pasando, ¿déjeme inspeccionar el pecho? A esto que el Doctor le coge una teta, la pesa, la mira, la osculta, incluso hace chup chup para ver qué tal...Lo mismo con la otra, pero esta vez incluso con un mayor cuidado y esmero. Finalmente le dice a la señora. - Señora, con razón su hijo está tan malnutrido, usted no tiene nada de leche. - ¿Hijo, qué hijo? Éste es mi nieto, pero me alegro de haber venido en lugar de mi hija.

704. - Otorrino, Otorrino, mi marido no escucha. - Vale, le haré unas pruebas... A la semana siguiente - ¿Qué tenía mi marido? - Su marido tiene Otitis Ovular. - ¿Otitis ovular, eso que es? - Pues que sólo oye lo que le sale de los webs.

705. La mujer que se asoma a la ventana para llamar a su marido que está en el bar de enfrente: "Anastasio, ven, rápido, que nos ha tocado la lotería, 100 millones, 100 millones!" el marido loco de alegría deja a los amigos y se va corriendo hacia casa como un rayo a compartir la felicidad con su mujer, con tan mala suerte que no mira al cruzar la calle y un autobús lo deja que no lo recompone ni el campeón mundial de rompecabezas a ciegas. La mujer mira la escena con sorpresa, se pone en posición de rezo y dice "Oh Dios mío, ¿qué he hecho yo para merecer tanta suerte y felicidad?"

706. La mujer que se despierta de madrugada y se encuentra a su marido en la cocina, a oscuras y llorando. - ¿Qué te pasa? - Estoy pensando, hoy hace justo veinte años que tu padre nos encontró en el coche cuando hicimos el amor por primera vez, tú con dieciséis años, yo con veinte. Hoy hace veinte años que tu padre me puso la escopeta sobre la sien y me dijo "O te

casas con ella o te denuncio y te tiras 20 años en la cárcel", hoy hace veinte años de aquel día. -¿Y lloras de felicidad al recordar una fecha de aniversario? - No, lloro de rabia que si tu padre me hubiera denunciado, en el día de hoy por fín sería libre.

707. - Amor, he tenido un sueño increíble, el mejor sueño de mi vida, en él me regalabas un collar de oro de 24 kilates, diamantes de varios kilotones y las esmeraldas más caras del mundo. ¿Tú qué crees que quiere decir el sueño? - Pues mira, la semana que viene es tu cumpleaños, entonces lo sabrás... Pasada la semana llega el cumpleaños de la chica y ésta se va corriendo hacia su marido, pidiendo su regalo, el marido sonríe dándoselo sabiendo que podrá cumplir la pregunta de su pareja. La mujer no se puede creer el peso de la caja y entusiasmada ante tamaño regalo va abriéndolo, rasgando con gran nerviosismo el papel de regalo y abriendo con desesperación la caja donde venía el regalo, entonces mira al marido y le dice "¿Me has regalado un libro titulado El significado de los sueños?"

708. - Doctor, doctor, tenemos un problema, tenemos que extraernos una muela, pero nos queremos ir de vacaciones, por lo que queremos algo rápido, aunque sea sin anestesia y a lo bruto. -Señora, eso es muy doloroso, usted debe de estar hecha de una pasta especial, ¿me enseña la muela? - Claro que sí, cariño abre la boca y muéstrale la muela al señor doctor.

709. La hija que le pregunta a la madre de donde vienen los bebés, la madre para salir del paso le cuenta un cuento "De joven fui a la pradera de las afueras de la ciudad, y recolecté la flor más bonita, una vez al llegar a casa puse la flor dentro de una cajita de cartón, y durante nueve meses le pedí a Dios que nacieras". La niña quiere repetir lo que hizo su madre y a escondidas va a la pradera y busca la que cree ser la flor más bonita, al llegar

a casa la mete en una caja de cartón y se tira nueve meses rezando a dios para que naciera su hija. Al pasar los nueve meses abre la caja y de dentro lo único que sale es una cucaracha que se había comido la flor, entonces la niña dice "Igual me equivoqué al escoger la flor, pero te juro que si no fuera porque eres mi hija te pisaba ahora mismo"

710. - Mami, mami, en el cole me llaman envidioso – Pues que les den morcilla – !Y a mí qué, Y a mi qué!

711. - Mami, mami, el butanero ha llegado, ¿hoy tienes dinero o salgo a la calle a jugar?

712. Tras setenta años de casado, la abuelita al abuelito mientras este dormía: "Amor, cuando éramos jóvenes me abrazabas y hacíamos la cucharita", el abuelito cambia de postura para complacer a la mujer, escuchándose chirriar sus huesos y articulaciones, la mujer ahora dice "Y me dabas besitos en la mejilla", el marido hace un esfuerzo sobrehumano a su edad y sube hasta la mejilla de la esposa para darle un besito, la esposa entonces dice "y me dabas mordisquitos en el cuello", a lo que el abuelo se levanta de la cama y la esposa dice "¿Dije algo que te molestó?", a lo que el abuelo contesta "Que no, que no, pero es que tendré que encontrar los dientes, ¿no?"

713. SMS de la novia al novio: "Si estás durmiendo quiero que me envíes tus sueños, si estás llorando que me envíes tus lágrimas y si estás riendo quiero que me envíes una sonrisa". Respuesta al SMS del novio "Me pillas cagando, ¿qué debería enviarte?

714. - Mami, mami, ahora que dejé de cavar, ¿cuando estará lista la piscina? - Calla y no pares de escupir.

715. Un señor en un bar observa como un par de viejecitos han pedido tan sólo un plato, a lo que el señor dice "Hola, me sabe mal ver que no tienen para comprarse dos platos, ¿me permiten comprarles otro?" A lo que los abuelitos dicen, "no se preocupe señor, nosotros es que compartimos todo". El

caballero sigue observandoles y ve como el hombre está comiendo pero la mujer no prueba bocado, por lo que vuelve a acercarse a ellos y les dice "en serio, no me importa pagarles un plato, no quisiera que su esposa se quede sin comer", a lo que la abuela responde "pero sin comer no me voy a quedar, pero tendré que esperar a que mi marido acabe con los dientes, ¿no?"

716. - Amor mío, ¿si yo muriera llorarías? - Claro que sí mi vida, ya sabes que lloro por cualquier cosa.

717. Una mujer y un hombre entran en un restaurante, el caballero siguiendo el protocolo pregunta primero a la señora. - ¿Qué le pongo? - Pues póngame champán, ostras que son afrodisiacas y fresas con chocolate, que después de la cena mojo. - ¿Y a su marido? - Pues si no le importa, le envía un SMS diciendo que hoy no vuelvo a casa de la oficina, que me ha salido trabajo de última hora.

718. - Amor, disimula mirando, pero la chica de azul me está sonriendo. - La entiendo, yo también me partí el culo cuando te vi por primera vez.

719. Durante la tramitación del divorcio – Yo me quedo con el crío. - A ver Rigoberta, ¿por qué te lo ibas a quedar? - Porque el hijo no es tuyo gañan – Pues que sepas que tapoco es tuyo – Pero cómo no va a ser mío si yo lo parí. - Mmmm, reuerdas cuando nació, en el hospital, que el bebé se cagó, y me dijiste que ¿lo cambiara? Pues el de al lado era tan mono, tan rubito, que efectivamente lo cambié.

720. Típica cita de Tinder, tras varias copas ella pregunta "¿Qué edad crees que tengo?", él dice "Tu mirada me indica unos 24 años, tu piel y los labios unos 21, tu cuerpo unos 18". Ella le indica "Tú sí que sabes como seducir una mujer, ¿y ahora qué quieres hacer?" A lo que él responde "Pues sacar el móvil a ver si con la calculadora hago la suma y respondo a tu pregunta."

721. - Nunca me pides cocinar para mí -Es que no estoy seguro de
      que cocines bien -Pues que sepas que cocino de muerte.
      -Perfecto, ¿pedimos chino o pizza?

722. - Eustaquo, Deberías de haber llegado a clase a las ocho y
      media d ella mañana - ¿Por qué? ¿Me he perdido algo que
      valiera la pena?

723. - Querría comprar una pistola para mi esposo. - ¿Le ha
      preguntado de que calibre? - ¿Está loco?¿Para que sepa que la
      estoy comprando?

724. - ¿Te gusta mi nuevo peinado? dicen que me quita más de
      diez años - ¿Cuántos años tienes? - Treinta y tres. - Vale, eso
      descontando los del peinado. ¿Y en realidad?

725. El niño globo con su mami globo por el desierto: "Mami,
      mami, mira un
      cactussssssssssssssssssssssssssssssssssssssssssssssssshhhhhhhhhh"

726. La lista que se encuentra la lámpara maravillosa y le dice "Te
      concederé tres deseos, pero que sepas que tu marido recibirá
      el doble exacto de lo que pidas". A esto ella dice "Primer
      deseo, quiero ser la mujer más guapa del mundo". El genio
      concede el deseo y ella pasa a ser la mujer más bella del
      mundo, pero él también se convierte en el más bello del
      mundo y todas las super top model van detrás de él. "Segundo
      deseo, quiero ser la persona más rica del mundo". La mujer
      pasa al número uno del ranking de Forbes, pero de inmediato
      ve como su marido aparece el primero del ranking con
      exactamente el doble de riquezas. A lo que la mujer le dice al
      genio "Ahora quiero un pequeño infarto que me deje medio
      muerta".

727. La vieja en una puerta tratando de alcanzar un timbre, un
      caballero lo ve y se ofrece a ayudarla – Señora ¿le ayudo? - Por
      favor joven, ¿puedes ayudarme a tocar el primero segunda? El
      caballero pulsa el primero segunda y entonces ve a la vieaja

que empieza a reírse como una adolescente y dice "ji ji ji ji, corre, corre que nos pillan".

728. En un funeral, la abuelita al abuelito – Que sepas que me acabo de tirar un pedete silencioso ¿ahora qué hago? - Pues para empezar acudir a cambiarle las pilas al audífono, sorda.

729. La abuelita en la puerta de la cárcel - Quisiera hacer una visita conyugal. El guardia le pregunta: - ¿Una visita conyugal, a su edad, y con quién? - El que se deje señor guardia, el que se deje.

730. A través de un medium una señora logra contactar con su marido: "Augusto, ¿estás bien?", él responde "En vida nunca estuve tan bien", la señora pregunta "¿tan bien se está en el cielo?" a lo que él responde "Pues ni idea porque yo vine de cabeza al infierno, pero mejor que estar contigo..."

731. El típico chulito de discoteca a uno que está medio borracho en la barra - ¿Eh, tú, buscas pelea? - Si buscara pelea estaría en casa con mi esposa y no aquí de fiesta.

732. Los más canis del pueblo. - A ver, hijo mío, cuanto son 4 x 4. - Pues un toterreno ahí to tuneao. - Y 3x2 – Pos las ofertas del carreful – Y si tengo dos pollos y pillo tres pollos, ¿cuantos pollos tengo? - Pues depende las ganas de fiesta que tengas y cuantos consumas.

733. - No te quiero más en mi vida, sólo me das problemas. - Eustaquio, soy tu profesora de matemáticas.

734. El mayor miedo con el que vivo es pensar que los ladrones y asesinos pudieran saber que mi suegra indefensa vive con un millón de euros bajo el colchón en la calle Remolacha, número 17.

735. - Mami, mami, ¿Me dejas jugar con la abuela? - Pero luego la entierras tú, que esta semana ya la he desenterrado y enterrado tres veces.

736. - Mami, mami, ¿sabes si el water da vueltas? - Pues no – Pues

creo que me he cagado en la lavadora.

Disclaimer: El contenido de los chistes es cultura general y como norma general (no éste libro) son de dominio público, pero al César lo que es del César y quisiera agradecer a webs como chistes.com o 100chistes.com por poner a disposición de los usuarios de internet muchísimos más chistes de los que encuentras en este libro, si aquí hay 5000 es por qué he tenido la oportunidad de leer en webs como las indicadas muchos más de esos 5000, decenas de miles de chistes de muchas más temáticas de las tratadas en este libro, por lo que si te han gustado, busca "chistes" en google y disfruta del gran contenido de humor disponible en internet como las webs arriba indicadas, gracias chistes.com por poner a disposición de los usuarios internet un catálogo que nunca cabría en un libro.

Don't miss out!

Visit the website below and you can sign up to receive emails whenever J.J. Bernier publishes a new book. There's no charge and no obligation.

https://books2read.com/r/B-A-RJRT-ORDZB

BOOKS2READ

Connecting independent readers to independent writers.

Also by J.J. Bernier

Grandes viajeros de la historia

Casi 5000 chistes para no niños, niños, niñas, no niñas, niñes, no niñes y todo tipo de adulto y no adulto, así en general

Datos de todos los mundiales de fútbol hasta el año 2022

Dioses, Diosas y Diositos de la mitología griega

700 chistes sobre familias y familiares (y unas cuantas decenas de regalo)

900 chistes para los mejores adultos y adolescentes (los peores también pueden reír)

Chistes de 1000 en Mil para mil y para til

Los Mejores Peores chistes de animales. 300 chistes de Animales, buenos, malos, cortos y largos

www.ingramcontent.com/pod-product-compliance
Lightning Source LLC
Chambersburg PA
CBHW031349160726
47993CB00002B/881